名人家风丛书

言行思善清慎勤

——吕本中与吕氏家风

本书系2016年度国家社会科学基金重大项目“中国传统文化教育资源的开发利用研究”（项目批准号：16ZDA230）阶段性成果。

名人家风丛书

徐梓 主编

言行思善清慎勤

——吕本中与吕氏家风

高涛 著

中原出版传媒集团
中原传媒股份公司
大象出版社
·郑州·

图书在版编目（CIP）数据

言行思善清慎勤：吕本中与吕氏家风／徐梓主编；高涛著.—郑州：大象出版社，2021. 12
（名人家风丛书）
ISBN 978-7-5711-0848-9

Ⅰ.①言… Ⅱ.①徐… ②高… Ⅲ.①家庭道德-中国②吕本中-家族-史料 Ⅳ.①B823. 1②K825. 6

中国版本图书馆 CIP 数据核字（2020）第 238593 号

名人家风丛书
徐 梓 主编
YANXING SISHAN QING SHEN QIN
言行思善清慎勤
——吕本中与吕氏家风
高 涛 著

出 版 人 王刘纯
总 策 划 郑强胜
责任编辑 张英方 张原培
责任校对 牛志远
书籍设计 王 敏

出版发行 大象出版社（郑州市郑东新区祥盛街 27 号 邮政编码 450016）
发行科 0371-63863551 总编室 0371-65597936
网 址 www. daxiang. cn
印 刷 河南文华印务有限公司
经 销 各地新华书店经销
开 本 890 mm×1240 mm 1/32
印 张 7. 75
字 数 166 千字
版 次 2021 年 12 月第 1 版 2021 年 12 月第 1 次印刷
定 价 27. 00 元

印厂地址 新乡市获嘉县亢村镇工业园
邮政编码 453800 电话 0373-5969992 5961789

总　序

一个人有一个人的气质，一个国家有一个国家的性格。一个家庭在长期的延续过程中，也会形成自己独特的风气。这样一种看不见的风尚习惯、摸不着的精神风貌，以一种隐性的形态存在于特定家庭的日常生活之中，家庭成员的一举手、一投足，无不体现出这样一种习性。这就是家风。

“家风”一词，最早见于西晋著名文学家潘岳的诗中。与潘岳有“双璧”之称的夏侯湛，自恃文才超群，将《诗经》中有目无文的六篇“笙诗”补缀成篇。潘岳为与友人唱和，写作了《家风诗》。在这首诗中，作者通过歌颂祖德、称美自己的家族传统以自勉。

“家风”又称“门风”，这个词语在西晋出现并在随后流行，显然和“士族”“世族”“势族”“大族”“世家大族”成为社会上的统治力量有关。无论是以宗族为根基、以武力为特质的地方豪族，还是以官宦为标志、以文化为表征的名家大姓，他们政治上累世贵显，经济上广占土地，文化上世传家学，垄断了全社会的主要资源。除通过九品中正制和婚姻关系来维护门阀制度之外，他们还自矜门户、标树家风，用以抵御皇权和寒人的侵渔。正因为如此，两晋以后，这个词语渐次流行。从发轫之初，“家风”就往往和“门风”互用。我们可以将它理解为家庭的风气，将它看作一个家庭的传统、一个家庭的文化。

传统作为人类代代相传的行事方式，是从过去延传到现在的事物。没有经过较长时间的过滤和沉淀，就形成不了传统。在《论传统》的作者希尔斯看来，至少要持续三代人，才能成为传统。尽管世代本身的长短不一，但无论是信仰还是行动范式要成为传统，至少需要三代人的两次延传。家风作为特定家庭的传统，是该家庭长时期历史汰选、传统沉淀的结果，是一辈又一辈先人生活的结晶。在历史文献中，“家风”或与“世德”共举，或与“世业”并称，足见家风有别于时尚，而与“世”即很多年代、好几辈子紧密关联。在时间上持续的短暂性是时尚的特征，而家风则是历经延传并持久存在，或者在子孙后代身上一再出现的东西。正是在这个意义上，历史文献中提及“家风”一词，往往蕴含对传统的继承。如比比皆是的“不坠家风”“世守家风”“克绍家风”“世其家风”及“家风克嗣”等，无不体现了这一特点。

有一种观点认为，家风必须是健康的、积极向上的，否则，不能称之为家风。实际上，这只是说者的一种期许、一种渴盼，家风本身并不蕴含这样的意味。否则，“良好家风”就是毫无意义的同义反复。正如“文化”是使民族之间表现出差异性的东西，时时表现着一个民族的自我和特色一样，家风作为家庭的文化和传统，表现的也是一个家庭的气质和风习，反映出一个家庭与其他家庭的不同之处。它完全是一个中性的概念，并不必然具有正面的意义。有的家风可能是勤奋俭朴、为人忠厚、待人有礼，也有的家风可能是狡诈刻薄、游荡为非、跋扈凶横。如同一所学校、一个班级的风习我们称之为校风、班风，而校风有好坏之分，班风有高下之别，并不总是值得弘扬一样，家风同样也有不良的，并不都是传家宝。正因为如此，对家风或门风则就既有称誉，也有贬损。即便是在传统社会，被视为传家久、继世长的，也只有耕读、忠厚、清廉这样一些美好的品质。

的确，家风的特征在前现代、在乡村社会、在大家庭中表现得十分鲜明，格外生动，而在现代城市家庭中却不那么明显。但是，只要一个组织存在，就会有这个组织的文化，特别是这个组织如果有历史的厚重，有传统的积淀，就更是如此。作为家庭的文化，家风是附丽于家庭而存在的，只要有家庭，就会有家风。家风并不必然会因为农村的城市化、大家族被小家庭所取代而丧失，或者说，随着历史的演进，社会情势的变化，家风的具体内容肯定会有变化，但家风仍然会存在。在社会结构和家庭结构都发生了革命性变革的当今社会，人们感叹“家风”的荡然无存，其实是指家庭所秉持的“只耕田，只读书，自然富贵；不欠债，不健讼，何等安宁”这样一些古典原则的式微，是指“耕读两途，读可荣身耕可富；勤俭二字，勤能创业俭能盈”这样一些传统内容的沦落，是“志欲光前，惟是诗书教子；心存裕后，莫如勤俭传家”这样一些旧时理念的散淡，而不是家风本身的消逝。

此外，家风不同于家规。虽然这两个词都与家庭教育相关，但它们有着本质的差异。

家规是家庭或家族中的规矩，是家人所必须遵守的规范或法度，是父祖长辈为后代子孙所制定的立身处世、居家治生的原则和教条。它是借助尊长的权威，加之于子孙族众的又一重道德约束，有的甚至具有法律效力。它有家训、家诫、家仪、家教、家法、家约、家矩、家则、家政、家制等名义，有敬祖宗、睦宗族、教子孙、慎婚嫁、务本业、励勤奋、尚节俭等多方面的内容，是行于口头、针对性强的具体教诫，是见诸家书、目的明确的谆谆训诲，是载诸家谱、可供讽诵的文本规条。家规可以有多种分类，如：根据其表现形式，可以分为教诫活动的家规和文献形式的家规两种；根据内容，则可以分为针对一人一事、起因明确、内容具体、结果显豁的非规范性家规和针对整个人生、涉及方方面面的规范性家规。有的家规，着重家庭子弟的道德修养，教授为人处世要法；有的家规，集中居家治生，以至是祠堂、义庄、学塾等的管理规条。但无论如何，相对于家风，家规一个总的特点是有形的，是可视可见的。

一个家庭的家风有别于这个家庭世代相传的道德准则和处世方法，它是一个家庭的性格特征。虽然它一旦形成，也就成为教化的资源，对家族子弟具有熏染影响、沾溉浸濡的意义，但它是一种不必刻意教诫或传授，仅仅通过耳濡目染就能获得的精神气质，具有“润物细无声”的作用。历史文献中的“渐渍家风”，就极为生动形象地诠释了这一过程。通俗地说，我们可以把家规看作教化家人的教科书，而家风则是经由长期教化后的结果。

2014年春节期间，中央电视台的“家风”系列报道，引起了社会的热烈反响和高度认同。这一报道对于引导人们自觉省思，培植良好的家风，构建和谐的家庭关系，夯实家庭这一社会的堡垒，进而培养全社会的良风美俗，疗治现今社会的乱象，无疑具有积极的意义。正是基于这样一种用心，《寻根》杂志主编郑强胜代表大象出版社，约请我主编这套“名人家风丛书”。

第一辑十种出版之后，广受读者好评、社会欢迎。众多媒体都曾予以推荐，并入选国家新闻出版广电总局向全国青少年推荐百种优秀出版物、入选第二届中华优秀传统文化普及图书50种图书推荐目录，出版社也一印再印。受这种情势鼓舞，强胜兄按此前我们商议好的计划，不失时机地敦促我们启动了第二辑的编写工作。2016年5月18日，他给我发来了《“名人家风丛书”第二辑编写建议》，第二辑的编写工作由此启动。2018年6月，他又给我发来了《“名人家风丛书”第三辑编写建议》，第三辑的编写工作由此启动。

2016年，我作为首席专家承担了国家社会科学基金重大项目“中国传统文化教育资源的开发利用研究”（项目批准号：16ZDA230）的研究工作，本辑图书的编写也是该项目研究工作的一部分，并受到了项目的资助，王立刚居中做了大量的工作。

本辑的编写者，依然主要是我的学生，也吸纳了个别对此有热情、有研究的朋友参加。由于时间仓促，特别是水平所限，其中肯定会有这样或那样的问题，诚挚地希望读者不吝赐教，以便我们把这项工作做得更好。

北京师范大学国学经典教育研究中心 徐梓

2020年1月

目录

引　言

家风是一个家族在世代传承中形成的家族风气和风貌，它体现在生动而又复杂的家族故事当中。吕本中是两宋之际的官员、学者和诗人，他出自东莱吕氏家族。如果以吕梦奇为东莱吕氏第一代，那么在入宋以前，东莱吕氏包括吕梦奇以及吕龟图、吕龟祥两代，他们代表着东莱吕氏的中兴。入宋以后，东莱吕氏绵延十余代，其中在北宋包括蒙、简、公、希、问五代，这五代相继执政七朝，书写了东莱吕氏的传奇。吕本中是本书的中心人物，他生活在两宋之际，有《童蒙训》和《官箴》等家训传世，是东莱吕氏承上启下的人物。南宋以来，东莱吕氏有大、祖、年三代辉映史册，其中吕祖谦是东莱吕氏家学的集大成者，他创立了“婺学”，与朱熹、张栻并称“东南三贤”。年字辈以后，东莱吕氏陷入沉寂。但是，从总体上来看，东莱吕氏家族仍然是宋代著名的政治世家和文化世家。

在政治上，东莱吕氏家族从吕蒙正到吕好问相继执政七朝。《挥麈录》说，吕文穆（吕蒙正）相太宗，犹子文靖（吕夷简）参真宗政事，相仁宗；文靖子惠穆（吕公弼）为英宗副枢，神宗枢使；次子正献（吕公著）为神宗知枢，相哲宗；正献孙舜徒（吕好问）为太上皇（高宗）右丞。《宋史》称“吕氏更执国政，三世四人（注：吕蒙正、吕夷简、吕公弼、吕公著），世家之盛，则未之有也”。除了上文提到的吕氏几人，吕本中的祖父吕希哲曾任哲宗朝崇政殿说书，吕本中曾任高宗朝中书舍人，吕本中侄孙吕祖谦曾任孝宗朝国史院编修官，吕祖谦弟吕祖俭、从弟吕祖泰位列《宋史·忠义传》。北宋理学家邵雍之子邵伯温说：“韩、吕，朝廷之世臣也。天下之士，不出于韩，即出于吕。”他还说：“本朝一家为宰执者，吕氏最盛。”

在文化上，东莱吕氏家族也是宋代家族的佼佼者。《宋元学案》说：“北宋公相家之盛，莫如吕氏、韩氏，其子孙皆能以学统光大之。”据统计，从吕公著到吕延年，东莱吕氏家族共有七代二十二人登上《宋元学案》。从这个角度看，东莱吕氏家族堪称“宋代儒学第一世家”。其实，东莱吕氏家族从入宋以来就有好读书的基因，吕蒙正就是北宋王朝自己培养的第一个进士宰相。自吕蒙正以后，东莱吕氏家族有十几位族人登第，几乎代有进士，吕公弼、吕公孺、吕希道、吕本中还被赐进士出身。此外，东莱吕氏家族还有不主一门、不名一师的优良传统，他们以儒学为根基，兼收各家之长，集益之功，至广至大。两宋之际，吕好问、吕本中将中原文献传播到江南，“有中原文献之传”也就成了东莱吕氏家族的美称。

第一章

东莱吕氏，家道中兴

东莱吕氏家族是一个庞大的家族，入宋以来开枝散叶，兴盛几百年。如果要追根溯源的话，东莱吕氏可以追溯到传说中的炎帝。炎帝，生活在姜水，故以姜为姓。伯夷（注：并非孤竹国不食周粟的伯夷）是炎帝的裔孙，他因佐禹有功，受封于吕，是为吕侯，后世以吕为氏。西周初年，伯夷裔孙吕尚因军功被分封到齐国，是为齐太公。齐国以姜为姓，以吕为氏，绵延二十世。齐康公十九年（前386），田氏代齐，齐康公吕贷被迁于海滨，吕氏失国。吕贷去世后，他的儿子吕绥避居东莱，吕绥的后代就是东莱吕氏。

吕绥之后，吕氏家族越来越壮大，直到五代有“吕氏三院”之说，其中后唐户部侍郎吕梦奇一院枝繁叶茂，吕梦奇就是本书东莱吕氏家族的一世祖。吕梦奇生二子，长子叫吕龟图，次子叫吕龟祥。由此，东莱吕氏分为南北二宅。从吕梦奇到吕龟图、吕龟祥，东莱吕氏家族进入中兴阶段。

浙江省金华市武义县吕祖谦及家族墓遗迹

第一节　东莱吕氏源起

俗话说："江之长必接其源，树之大必连其根。"《元和姓纂》说："吕，炎帝姜姓之后，虞夏之际封吕，今南阳宛县西吕亭是也。至周失国，子孙氏焉，太公号吕望（注：吕尚）。"后来，吕氏族人将传说中的炎帝、虞夏之际的吕侯伯夷、齐国的开创者吕尚并称为"吕姓三祖"。田氏代齐后，吕氏失国，避居东莱，这就是东莱吕氏的由来。

一、吕姓始祖

（一）得姓始祖伯夷

伯夷，相传为炎帝的十五世孙、共工的六世孙，一生辅佐尧、舜、禹三代帝王。尧帝在位时，伯夷被任命为太岳。其实，太岳本来是华山的尊称，华山以雄、奇、峻、秀著称，在伯夷时代的人眼里被看作第一高峰，称为太岳。尧帝任命伯夷在华山祭祀天神，遂产生了太岳这一官职，伯夷就是第一任太岳。

舜帝在位时，伯夷又被任命为秩宗。秩宗就是掌管宗庙礼仪的官员。《史记·五帝本纪》记载：天下归舜以后，禹、皋陶（yáo）、契（xiè）、后稷、伯夷等二十多个人都得到任用。舜对伯夷说："伯夷，我任命你为秩宗，不仅要恭敬尽责，还要肃穆洁净。"伯夷接受舜的任命，从事礼仪工作，取得很好的效果，《史记》评价说："伯夷主礼，上下咸让。"

后来，洪水频发，舜帝命禹治水，因为伯夷是共工之后，也善于治水，于是协助大禹治水，成为禹的心腹。大禹继位以后，伯夷作为股肱之臣，受封于吕，是为吕侯。吕国位于今河南南阳一带，伯夷的后代以国名为氏，称吕氏。秦朝以前，姓与氏并不相同，姓是以血缘为纽带的家族称号，而氏是姓的分支。伯夷的后代以姜为姓，以吕为氏，体现了他们的贵族身份。秦汉以后，姓氏合一，伯夷就被尊为吕姓的得姓始祖。

（二）开族始祖吕尚

在吕氏宗祠，有一副通用联："尚父世泽；海陵家声。"这副对联说的是吕姓的开族始祖吕尚。

吕尚，伯夷的裔孙，姜姓，吕氏，名尚，字子牙。商朝末年，周西伯姬昌外出狩猎，遇到了在渭水河畔钓鱼的吕尚。两人一见如故，相谈甚欢，姬昌对吕尚说："我的先君太公曾经说过：'一定会有圣人来周，周也会因此兴旺。'难道说的就是您吗？我们的太公已经盼望您很久了。"因此，吕尚又被称为太公望。姬昌非常佩服吕尚的才华，邀请吕尚同车而归，并尊他为太师。

在吕尚的辅佐下，姬昌积善修德，发展生产，周部落进一步强大。吕尚非常擅长兵法，在他的精心谋划下，周部落的地盘进一步扩大，天下三分，其二归周。姬昌去世后，姬发即位。姬发娶吕尚之女，并尊吕尚为师尚父。姬发在位第十一年，商纣王暴虐到极点，吕尚劝姬发伐纣。这年正月甲子，周军在牧野大战商军，这就是著名的牧野之战。在这场战争中，商军败绩，纣王被杀，商朝灭亡。

商朝灭亡后，周朝建立，姬发就是周武王。为了巩固统治，周武王采取了分封制。吕尚被分封到齐地营丘（今山东潍坊昌乐营丘），建立齐国。吕尚就是齐太公。在齐太公吕尚的带领下，齐国采取了“因其俗，简其礼，通商工之业，便鱼盐之利”的国策，很多百姓归附齐国，齐国成为大国。

从吕尚建立齐国开始，姜姓吕氏统治齐国六七百年。在吕氏统治后期，由陈国迁徙而来的田氏家族逐渐掌控了齐国政权。田氏世代辅佐齐侯，在齐国形成了“政由田氏，祭则吕氏”的尴尬局面。齐康公十九年（前386），田和位列诸侯，将齐康公吕贷迁徙到海滨，吕氏失国。七年后，吕贷去世，吕尚建立的吕氏齐国完全被田氏取代，这在历史上被称为田氏代齐。

二、东莱吕氏

据《尚书·禹贡》记载，东莱原属青州之域。相传，大禹治水以后，将全国划分为冀、兖、青、徐、扬、荆、豫、梁、雍九州。当时，在青州一带，拥有很多东夷国家，莱国就是其中比较大的一个。西周初年，吕尚被封到齐地营丘。然而，就在吕尚刚刚到达营丘时，与营丘毗邻的莱国屡次进犯，企图将营丘占为己有。最终，在齐军的反击下，莱国被击退。

春秋初年，莱国仍然是一个诸侯大国，拥有今山东胶东半岛的辽阔土地。春秋中期，莱国国力日渐衰退，又屡次遭到齐国的大肆征伐，被迫东迁。齐灵公十五年（前567），齐灵公召见莱国国君，莱国国君不从。齐灵公大怒，派遣齐军灭莱，莱国残余部队退守棠邑（今山东青岛平度唐田一带）。同年冬，齐军攻破棠邑，莱国灭亡，齐灵公将莱民迁居到海滨郳邑（今山东龙口）。因郳邑在莱国以东，故称东莱。

齐康公十九年（前386），姜姓吕氏失国，田氏代齐。历史总是惊人地相似：想当年，齐灵公将莱国国君迁居到海滨；如今，同样被称为齐太公的田和也将齐康公吕贷迁居到海滨，而东莱就位于海滨。吕贷去世后，儿子吕绥避居东莱，由此形成了东莱吕氏。

秦朝时，全国分为三十六郡，东莱属齐郡。楚汉之争时，韩信俘获齐王田广，东莱郡从齐郡析出，治所在掖县（今山东烟台莱州），属青州。后魏献文帝时，光州从青州析出，东莱郡属光州。隋开皇二年（582），改光州为莱州，领东莱郡。唐高祖武德四年（621），废东莱郡，置莱州。唐玄宗天宝元年（742），改莱州为东莱郡。唐肃宗乾元元年（758），复为莱州。

吕本中出自东莱吕氏，该家族至少有四位人物的称谓与东莱有关。例如，吕蒙正曾经被封为莱国公，因为东莱源自莱国；吕好问被宋高宗封为东莱郡侯，吕氏后人称吕好问为东莱公；吕本中以学问、诗歌享有盛名，世称东莱先生；吕祖谦创立“婺学”，也被称为东莱先生，为了与伯祖吕本中相区别，又被称为小东莱先生。

第二节　户部侍郎：一世吕梦奇

吕本中家族是东莱吕氏家族，但我们发现东莱吕氏族人的籍贯在不同的文献里有不同的记载，以至于产生了东莱、河南、河东、开封、寿州、婺州等多种说法。对于东莱说，我们并不感到陌生，前文已经提及。所以，《宋史·吕夷简传》说："吕夷简，字坦夫，先世莱州人。"《五朝名臣言行录别集》记载："吕本中，……其先东莱人。"那么，河南、河东等说法又是怎么来的呢？这与"吕氏三院"及东莱吕氏的迁徙有关。

一、五代时期的"吕氏三院"

吕祖谦在《东莱公家传》中说："吕氏系出神农，受氏虞夏之间，更商、周、秦、汉、魏、晋，下逮隋唐，或封或绝，五代之际，始号其族为'三院'。言河南者，本后唐户部侍郎梦奇；言幽州者，本晋兵部侍郎琦；言汲郡者，本周户部侍郎咸休。"由此可见，五代时期，吕氏分为

“三院”，即河南吕梦奇家族、幽州吕琦家族、汲郡吕咸休家族。“吕氏三院”有两个特点：第一，“三院”的先祖吕梦奇、吕琦、吕咸休都在五代担任侍郎；第二，“三院”入宋以后都是望族。

唐哀帝天祐四年（907），唐朝灭亡，中国进入五代时期，五代依次为后梁、后唐、后晋、后汉和后周，仅仅存在五十三年。其中，吕梦奇官至后唐户部侍郎，他就是东莱吕氏家族的一世祖。东莱吕氏入宋以后有吕蒙正、吕夷简、吕公著、吕本中、吕祖谦等名人。王珪在《吕谏议公绰墓志铭》中说：“天下之人谈衣冠之盛者，必以（东莱）吕氏为世家。”

吕琦，字辉山，幽州安次（今河北廊坊安次区）人，《新五代史》有传。后晋高祖天福年间（936—942），吕琦官至兵部侍郎，所以吕琦一院被称为天福兵部侍郎院。吕琦有两子，长子吕馀庆是北宋第一任参知政事，次子吕端官至宰相，宋太宗说他小事糊涂，大事不糊涂。所谓小事糊涂也就是在个人利益、自身名利上不斤斤计较，所谓大事不糊涂也就是在大是大非问题上保持清醒的头脑。他的这种精神得到明代思想家李贽的崇敬，李贽曾有一副自勉联说：“诸葛一生唯谨慎，吕端大事不糊涂。”在吕端之后，吕端之孙吕诲官至御史中丞，吕诲之子吕由诚誓死不降金军最终战死，吕由诚的七个儿子有四个遇害。吕诲、吕由诚父子在《宋史》中皆有传，吕由诚还位列《宋史·忠义传》。一门忠烈，可赞可叹。

吕咸休，字德祥，汲郡（今河南卫辉西南）人。吕咸休自幼就超迈不群，长大之后一心向学，博古通今。后唐庄宗时，吕咸休任秘书省校书郎。后周世宗显德年间（954—959），吕咸休官至户部侍郎。由此，吕咸休一院被称为显德户部侍郎院。入宋以后，吕咸休的五世孙吕通官至太常博士，六世孙吕蕡（fén）官至比部郎中。吕蕡到京兆蓝田（今陕西西安蓝田）为官，喜欢上了蓝田的山川风景。吕蕡死后，他的儿子将他葬在蓝田，吕氏后人遂以蓝田为家。吕蕡生六子，分别为大忠、大防、大钧、大观、大临、大受，其中大观、大受事迹无考，但大忠、大防、大钧、大临在政治、文化上有突出贡献，名列青史，人称“蓝田四吕”。例如，吕大防在宋哲宗时期担任宰相，吕大钧的《吕氏乡约》对后世的乡村治理具有深远影响。近代曾国藩特别推崇蓝田吕氏，他说：“宋之蓝田吕氏，门庭之内，彬彬焉有君子之风。”

二、宋代东莱吕氏的一世祖

尽管吕梦奇不是宋代人，但他却是宋代东莱吕氏的一世祖，宋代东莱吕氏家族的荣耀也要从吕梦奇讲起。

吕梦奇，字子高，莱州人，生活在唐末五代之间。唐哀帝天祐年间，天下大乱，吕梦奇与刘昫、张麟到幽州大宁山避难，他们结庵共处，以吟诵自娱。唐朝灭亡后，吕梦奇在李克用义子李存进（856—922）的帐下担任幕僚。李存进战死沙场后，吕梦奇为其撰写了《招讨使李存进墓碑》，碑文上说：“梦奇旧忝故总管令公幕下十五年，常在征行，与公同处营寨。”由此可见，吕梦奇曾经历过十几年的军旅生活。

李存进死后第二年，李克用长子李存勖（xù）建立后唐，是为后唐庄宗。同光年间（923—926），后唐庄宗追赠李存进为太尉，与此同时吕梦奇被任命为幽州节度判官。后唐明宗天成元年（926），吕梦奇被任命为右谏议大夫，后改左谏议大夫。谏议大夫隶属中央门下省，而后唐的都城在洛阳，所以此时吕梦奇由幽州来到河南洛阳为官，这也是“吕氏三院”称吕梦奇为河南人的原因。

天成三年（928），吕梦奇升任御史中丞。御史中丞掌管监察和弹劾，已经是皇帝近臣。然而，“天有不测风云，人有旦夕祸福”，天成四年（929），吕梦奇因为借用过毛璋的马而遭到贬谪。这是为什么呢？据《旧五代史·毛璋传》记载，昭义军节度使毛璋骄傲自大，多有不法行为。

有一天，毛璋之子毛廷赟携带父亲的信到西川，与其同行的还有赵延祚。东川节度使董璋上报说：“毛廷赟带信到西川，恐怕有阴谋。”朝廷于是派军逮捕了毛璋、毛廷赟和赵延祚，并将其关在御史台监狱。起初，赵延祚向狱中长官透露了很多毛璋的隐私。后来毛璋悄悄地对赵延祚说：“审讯时如果你能闭嘴不说话，出狱后我将赠你一份厚礼。”不久，赵延祚、毛璋都出狱了，赵延祚向毛璋索要礼物，没想到毛璋置之不理。这样，赵延祚就到御史台控告毛璋。作为御史中丞，吕梦奇认为赵延祚是因为讨要礼物未果才控告毛璋，其不过就是一个贪财之人，品行不高，所以就在审讯中稍稍偏袒了毛璋。但同僚们传言吕梦奇是因为接受了毛璋的贿赂，所以才做出不合事实的判决。朝廷认为吕梦奇徇私舞弊，于是就逮捕了他。后来，毛璋说他曾经借给过吕梦奇一匹马，但从未向他行过贿。最后，毛璋因为过去的不法行为遭到流放、赐死，吕梦奇也因为这件事被免去御史中丞，降为太子右赞善大夫。

不久，吕梦奇被任命为北京副留守，离开都城洛阳。需要说明的是，官职中的北京并不是今天的北京城。早在唐朝时，国家实行四京制，四京分别为中京京兆（今陕西西安）、东京河南（今河南洛阳）、北京太原

（今山西太原）、西京凤翔（今陕西宝鸡凤翔）。五代时期，北京太原延续下来。所以，此时的吕梦奇被派到太原为官。而太原所在区域历来被称作河东（黄河以东），这就是东莱吕氏族人又称其先祖为河东人的缘由。例如，杜大珪在《吕正献公公著传》中说："公著，字晦叔，世本河东人。"范祖禹在给吕希道写的墓志铭中说："（吕希道）其先自太原副留守，始为河东人。"后唐明宗长兴三年（932）正月初八，吕梦奇被任命为户部侍郎，再次回到洛阳。由此，东莱吕氏家族又被称为长兴户部侍郎院。

第三节 宅分南北：二世吕龟图、吕龟祥

吕梦奇娶妻颍川郡（今河南禹州）陈氏，育有两子，长子叫吕龟图，次子叫吕龟祥。吕梦奇居洛阳时，为两子分配宅院，长子龟图居南宅，是为南宅始祖。次子龟祥居北宅，是为北宅始祖。

一、南宅吕龟图

吕龟图，字元河，号南宇，洛阳人。后周时，吕龟图被任命为起居郎。起居郎的职责是记录皇帝言行，这说明吕龟图有一定的文化水平。入宋以后，起居郎不再是实职，而是六品寄禄官，吕龟图以起居郎之职担任泗州知州。泗州，在宋初隶属河南道，后改属淮南道，是江淮地区的富庶之地。

吕龟图娶妻彭城（今江苏徐州）刘氏，有子吕蒙正。吕蒙正官至宰相，父母因此得到封赠，其中父亲吕龟图被赠予尚书令，母亲刘氏被封为徐国太夫人。吕龟图的儿子除了吕蒙正，还有吕蒙休、吕蒙叟、吕蒙庄。

吕蒙休，字圣祯，吕蒙正之弟。宋真宗咸平元年（998），吕蒙休进士及第。从唐代到宋初，科举考试一年一考，每年录取名额有限，直到治平三年（1066），科举考试三年一考才成为定制。但是，因为战争等各种原因，宋朝初年并不能保证每年都能举行科举考试。例如，在吕蒙休进士及第之前，宋朝连续五年没有举行科举考试。咸平元年，在竞争如此激烈的情况下，吕蒙休高中进士，这里面包含着父亲吕龟图、长兄吕蒙正对他的文化熏陶。

吕蒙叟、吕蒙庄兄弟，都是乡贡进士。所谓乡贡进士，是指通过乡试但未能通过礼试的士子。宋太宗淳化元年（990）九月，因为吕蒙正的申请，吕蒙叟被任命为郾城县（今河南漯河郾城区）主簿，吕蒙庄被任命为楚丘县（今商丘梁园区和菏泽曹县之间）主簿，由此可见长兄对弟弟的提携。

二、北宅吕龟祥

吕龟祥，字仲桢，号明之。入宋以后，吕龟祥先是在开封担任太子洗马一职。宋太祖开宝八年（975），宋军攻破金陵（今江苏南京），南唐灭亡。同年腊月初四，朝廷命令吕龟祥到金陵把南唐后主李煜的所有藏书运送到开封。此时，吕龟祥因为工作，暂时居住在开封。

后来，吕龟祥以殿中丞知寿州。寿州（今安徽淮南），在宋初隶属淮南道，治下蔡。作为寿州知州，吕龟祥广施惠政，深受老百姓爱戴。任职期满后，吕龟祥因为寿州百姓的挽留决定定居寿州下蔡。《宋史 · 吕夷简传》说：“（吕夷简）祖龟祥知寿州，子孙遂为寿州人。”由此，东莱吕氏衍生出寿州一脉。

吕龟祥娶妻李氏，育有三子，即吕蒙亨、吕蒙巽和吕蒙周。吕蒙亨，字圣通，吕龟祥长子。宋太宗雍熙二年（985），吕蒙亨参加礼试，获得高第，但是在参加殿试时却遭到黜落。按道理，殿试是不会黜落士子的，吕蒙亨为什么会有这样的遭遇呢？原来，此时吕蒙亨的堂兄吕蒙正已经担任副宰相，东莱吕氏家族成为势家。宋太宗为了抑制东莱吕氏家族，于是做出了这样的决定。后来，吕蒙亨历任下蔡、武平主簿。至道元年（995），朝廷定期对官吏进行绩效考核，吕蒙亨在文学和政事两个方面都获得优等。为此，他被任命为光禄寺丞，后改为大理寺丞。但遗憾的是，就在事业上升期，吕蒙亨不幸去世。

吕蒙巽，字圣文，吕龟祥次子。淳化元年（990）九月，吕蒙巽也因为堂兄吕蒙正的申请，以乡贡进士的身份担任沈丘县（今属河南周口）主簿。后来，吕蒙巽历任尚书虞部员外郎、海州知州。海州，与寿州同属淮南道，吕蒙巽因知海州被后人称为吕海州。

吕蒙周，字圣臣，吕龟祥幼子。淳化三年（992），吕蒙周进士及第。后来，吕蒙周官至太常寺卿一职。大理寺丞、尚书虞部员外郎、太常寺卿都是京官，说明兄弟三人都曾在京城开封居住，这为吕龟祥一脉定居开封奠定了良好基础。

第二章

执政七朝，辉映史册

东莱吕氏，累世公卿，代有闻人，甚至出现了相继执政七朝的辉煌局面。因为东莱吕氏对两宋的杰出贡献，《宋史》把吕蒙正、吕夷简、吕公著、吕好问、吕本中、吕祖谦、吕祖俭、吕祖泰等都写入了列传。此外，在《吕夷简传》中还附有其子公绰、公弼、公孺传，在《宋史·吕公著传》中附有其子希哲、希纯传。

对于这些吕氏族人，《宋史》有精到的评论：吕蒙正为“贤宰辅，又能进退有礼……非盛德君子，其孰能与于斯”；吕夷简“为相，深谋远虑，有古大臣之度”，吕夷简去世后，宋仁宗悲伤地对群臣说“安得忧国忘身如夷简者”；吕公弼秉公持正，不阿权贵，宋仁宗认为公弼甚似其父，宋英宗也把吕公弼尊为长者；吕公著“一切持正，以应天下之务……其论人才，如权衡之称物……追考其平生事业，盖守成之良相也”；吕希哲“世济其美”，可惜陷入崇宁党祸，“何君子之不幸欤”；吕好问“处艰难之际……而屈己就事，以规兴复”，宋高宗在慰劳吕好问时说“宗庙获全，卿之力也”。东莱吕氏家族从吕蒙正到吕好问，经历了蒙、简、公、希、问五代，相继在宋太宗、真宗、仁宗、英宗、神宗、哲宗、高宗七朝执政，这正如清代文学家、史学家赵翼所说的那样：“若吕氏奕世勋猷，辉映史册，可谓极盛矣。”

第一节　盛德贤相：三世吕蒙正

吕蒙正（946—1011），河南人，字圣功，谥文穆，吕龟图之子。宋太宗太平兴国二年（977），吕蒙正高中状元，进入仕途。在宋太宗、真宗两朝，吕蒙正三次拜相，身居相位九年，是东莱吕氏中位居要职的第一人。吕蒙正孝敬父母，提携后代，宽宏大量，知人善任，清正廉洁，为东莱吕氏在宋代的辉煌开了个好头，对东莱吕氏优良家风的形成具有重要作用。

一、奉养双亲

吕蒙正是吕龟图和刘氏之子。但是，吕龟图有很多内眷，与正妻刘氏不和，甚至把刘氏和吕蒙正赶出家门。离开家门以后，刘氏和吕蒙正生活得非常窘迫，但刘氏发誓决不改嫁，一定要把吕蒙正养大成人。

吕蒙正流浪于洛阳龙门，龙门寺的僧人知道他是贵人，于是就把他和他的母亲延请到寺内居住。在众多僧人的帮助下，吕蒙正母子凿山为窑，并在窑洞里居住下来，而这一住就是九年。在这九年的时光里，刘氏教吕蒙正读书识字，吕蒙正也非常珍惜读书的机会。太平兴国二年，吕蒙正终于被录取为进士第一名，以将作监丞通判升州（治所在今江苏南京）。

太平兴国四年（979），吕蒙正被调回京师开封，母亲刘氏也因此住在开封。太平兴国五年（980），宋太宗任命吕蒙正为左补阙、知制诰。就在这时，吕蒙正的父亲吕龟图到京师晋谒皇帝。趁着这个时机，吕蒙正精心安排嫌隙颇深的父母相见。在父母面前，吕蒙正跪下并悲痛地说道："大人、母亲都老了，不肖子不忍心你们一辈子不和，但愿二老能和好如初，儿子斗胆以死相请。"说完这些话，吕蒙正趴在地上，哭声不停。吕龟图、刘氏可怜儿子的良苦用心，不得已住在一个庭院里，但还是分屋居住。吕蒙正每天分别向父母问安，让父母心情愉快、笑口常开。《论语》讲道："子夏问孝，子曰：'色难。'"子夏曾经向孔子请教如何尽孝，孔子说："向父母尽孝，最难的是始终和颜悦色。"然而，吕蒙正做到了，他每天都面色和悦侍奉双亲。《吕文穆公神道碑》说："（吕蒙正）晨暮交走，咸尽色养。"从这件事上，世人就知道吕蒙正是至纯至孝之人。百善孝为先，纯孝的种子已经在东莱吕氏家族生根发芽。

正是因为吕蒙正早年被赶出家门住在破窑，后来高中状元的事迹，元代王实甫以此为原型，经过艺术加工写成杂剧《吕蒙正风雪破窑记》。后世有人假托吕蒙正写成了劝世文章《破窑赋》。

二、不记人过

吕蒙正是一位孝子，如今他终于实现了儿时的心愿——把父母再度

“撮合”到一起。然而，正当吕蒙正尽心侍奉父母的时候，父亲吕龟图却不幸去世了。按常理，吕蒙正要为父亲守丧三年，可此时正是用人之际，朝廷下诏起复吕蒙正。所谓“起复”，即守丧未满而应召任职。

不久，吕蒙正被任命为都官郎中、翰林学士。太平兴国八年（983）十一月，朝廷提升吕蒙正为左谏议大夫、参知政事（副宰相），赐第丽景门。由此可见，吕蒙正从高中状元到成为副宰相，仅仅用了六年的时间，这种晋升速度应该说是非常快了。

在被任命为副宰相后，吕蒙正受到了宋太宗的召见。宋太宗对吕蒙正说：“凡是读书人，在没有入仕以前，遇到政事中不合理的地方，往往会闷闷不乐；在入仕以后，你们可以提出自己的建议，以弥补之前的不足。在提建议的时候，一定要尽其所能，虽然不可能每个建议都合理，但一定要提出建议，这样政事才能越来越好。朕从来都不是自恃崇高的人，你们尽管提出自己的好建议。”通过这段话，我们看出了宋太宗对吕蒙正的无限期许。

虽然此时的吕蒙正已经官至副宰相，但是他入仕才六七年的时间。有一天，一位朝臣指着他说：“难道这样的人也能担任参知政事吗？”吕蒙正心态平和，假装没有听见就走开了。同僚们听说以后愤愤不平，非要为他打听这个朝臣的姓名，吕蒙正连忙制止说：“我如果知道了他的名字，就会终生不忘，记仇徒增烦恼，还是不知道为好啊！”吕蒙正这种不记人过的雅量得到了同僚们的赞许。

三、三次拜相

端拱元年（988），吕蒙正被任命为同中书门下平章事。所谓同中书门下平章事就是宰相，这是吕蒙正身居相位的开始。在吕蒙正之前，卢多逊曾担任宰相。根据门荫制度，卢多逊的儿子刚出仕就被授予水部员外郎，这是一个六品官，后来宰相的儿子一入仕就授六品官成为常例。但是，吕蒙正上奏说："臣是状元出身，刚刚入仕时被授予九品京官。如今，臣的儿子刚刚加冠，懵懂无知，一入仕就获得恩宠，恐怕会受到别人的非议，请求陛下把臣刚刚入仕时的官职补给犬子。"从此，宰相的儿子初次受封只能授予九品京官。

吕蒙正为相，有一位朝臣想巴结他以求晋升。这位朝臣收藏了一面古镜，自称这面镜子可以照出两百里远，并打算把它送给吕蒙正。吕蒙正笑着说："我的脸也不过碟子那么大，哪里用得着能照两百里的镜子呢？"吕蒙正用这句笑话回绝了那位朝臣，朝中大臣对吕蒙正的廉洁行为无不叹服。

淳化二年（991），吕蒙正因为妻族宋沆忤逆皇帝受到牵连，被罢免宰相一职。淳化四年（993）十月，吕蒙正再次为相，而且成为朝中唯一的宰相。在进宫入对时，吕蒙正与宋太宗谈到征伐之事，太宗说："朕近年来四处征讨，目的是为百姓剪除暴乱，如果要是穷兵黩武，百姓早就没有活路了。"吕蒙正回答说："隋唐在几十年间四次征讨辽东和碣石，百姓遭受了巨大苦难。在征讨中，隋炀帝全军覆没，唐太宗用运去的土木攻城，最终也无济于事。况且治理国家的要领在内修政事，只有把内部治理好了，外族人才会归服，如此天下才能太平。”宋太宗同意了吕蒙正的观点。《论语》说：“故远人不服，则修文德以来之。既来之，则安之。”吕蒙正论述的正是《论语》中的观点，这种观点既体现了德治，又体现了吕蒙正对百姓的关怀。

作为一名宰相，吕蒙正还具有识人之才。有一次，宋太宗想派人出使朔方，命令中书省推荐人才。吕蒙正推荐了某人，但是宋太宗并不认可。然而，吕蒙正三番五次地向宋太宗推荐这个人。宋太宗说：“爱卿，你怎么这么固执呢？”吕蒙正说：“臣并不是固执，而是陛下不能体谅臣啊！在臣看来，这个人就是出使朔方的最佳人选。臣不愿意盲从陛下的意见，那样会耽误国事的。”吕蒙正据理力争，同僚们屏住呼吸，不敢说话，生怕陛下雷霆大怒。散朝后，宋太宗对身边的人说：“吕蒙正的气量真大，我的气量不如他啊！”后来，朝廷任用了吕蒙正推荐的人选，这个人果然很称职。吕蒙正知人善任，可见一斑。

至道元年（995），吕蒙正离开相位，以右仆射出判河南府兼西京留守。西京洛阳是吕蒙正的老家，吕蒙正经常在老家宴请亲友，政事宽静，百姓安乐。至道三年（997），宋太宗驾崩，宋真宗继位，吕蒙正升任左仆射。随后，朝廷为宋太宗营建永熙陵，吕蒙正感念宋太宗给予的优厚待遇，奉上家财三百多万作为营建经费的补充。太宗葬礼，吕蒙正伏地恸哭，人们认为这样很符合大臣之礼。

咸平四年（1001）三月，吕蒙正第三次为相。从宋太祖到宋真宗，三次担任宰相的，只有赵普和吕蒙正两个人。咸平五年（1002），吕蒙正以宰相之职任司空兼门下侍郎。咸平六年（1003），吕蒙正以风眩之病七次上表求退。同年九月，朝廷允许吕蒙正离开相位，并任命他担任太子太师一职。与此同时，吕蒙正被封为莱国公，后来又改封为许国公。

四、庭下训子

景德二年（1005）春天，吕蒙正上表请求辞官回洛阳老家。向皇帝辞行那天，吕蒙正对宋真宗说：“对于周边的异族，我们要与之和平共处。停战和节财是古往今来的治国上策，希望陛下常常以百姓为念。”面对这个辅国忠臣，宋真宗非常感激，并任命他的儿子吕从简为太子洗马，吕知简为奉礼郎。

回到洛阳以后，吕蒙正经常宴请亲戚朋友。宴会上，吕蒙正的子孙常常向他举酒祝寿，吕蒙正心旷神怡，度过了一段幸福的晚年时光。为了绍续优良家风，吕蒙正还经常在庭院里训育诸子。有一次，他对孩子们说：“过去，我经常翻阅史籍，我发现从唐朝中叶到五代后周，政治动荡接连不断，卿相们往往都是死于非命，而且死了也没有葬身之地。我有幸生活在盛世，官至宰相，地位尊显，如今我又回到洛阳居住，我知道我能够颐享天年了。如果你们都能入朝为官，千万不要养成纨绔子弟的恶习，那样不仅害了自己，而且也有辱我的名声，甚至连累我们吕氏家族。修身齐家，你们要谨慎啊！”

后来，这段训话成了吕氏家训。吕氏诸子常常以这段话相勉励，不忘庭训，洁身自好，赢得了世人的尊敬。世人都说：“吕宰相的儿子个个都是好人。”大中祥符四年（1011），吕蒙正病卒。多年后，富弼为吕蒙正写下《吕文穆公神道碑》，碑中记载吕蒙正有子十人，其中一子夭折，其他九子分别为：吕从简——驾部员外郎，吕知简——大理寺丞，吕惟简——库部郎中，吕承简——虞部郎中，吕行简——比部郎中，吕易简——奉礼郎，吕务简——光禄少卿，吕居简——龙图阁直学士、尚书兵部侍郎，吕师简——司农少卿。

第二节　忧国名相：四世吕夷简

吕夷简

吕夷简（979—1044），字坦夫，谥文靖，吕蒙亨之子。宋真宗咸平三年（1000），吕夷简进士及第，被任命为绛州军事推官，后来升任大理寺丞，成为京官。乾兴元年（1022），宋真宗驾崩，仁宗即位，刘太后垂帘听政。同年七月，吕夷简升任参知政事，他在这个职位上待了七年。从天圣七年（1029）到庆历三年（1043），吕夷简三掌相印，除去罢相时间，吕夷简三次任相时间总计十年零十个月。如果从担任参知政事算起，吕夷简担任宰执长达二十一年，有人说吕夷简是北宋前期居相位最长久而又最受委信的人。

嘉祐八年（1063），宋仁宗驾崩，吕夷简以太尉、尚书令之职配享太庙。配享太庙的只有三人，吕夷简居其一（另外两人为王曾、曹玮），由此可见他在仁宗朝的地位。南宋宝庆二年（1226），宋朝已经建立了二百六十六年，这一年宋理宗在昭勋阁悬挂了入宋以来二十四位功臣的画像，史称昭勋阁二十四功臣，吕夷简依然名列其中。在奔流不息的历史长河中，吕夷简能够被宋廷铭记，这足以说明他在宋朝宰辅当中的位置。

一、励志于学

吕夷简出自科举世家，他的父亲吕蒙亨曾经考中进士，但因为避嫌被黜落，他是进士出身，他的亲弟弟吕宗简后来也进士及第。一门父子兄弟都考中进士，这在中国历史上是不多见的。为什么吕夷简家族在科举上有如此大的成就呢？这与吕氏家族励志于学的家风有关系。

首先，东莱吕氏家族的一世祖吕梦奇早年避居山中，努力向学，后来有《招讨使李存进墓碑》一文存世，该文长达三千多字，这说明东莱吕氏最初就有强大的文化基因。其次，吕蒙正的人生经历为东莱吕氏树立了榜样。太平兴国二年（977），吕蒙正高中状元；六年以后，吕蒙正成为副宰相；又过五年，吕蒙正担任宰相。通过科举考试，吕蒙正在短短十一年登上人生巅峰，这对于东莱吕氏家族是一个莫大的鼓舞，东莱吕氏将学而优则仕的家族风尚不断延续下来。

吕夷简自幼聪敏好学，博闻强识，对于文学和史学书籍，都能一一考究。所以，他写的文章不仅辞藻优美，而且擅长说理，令人一读就赏心悦目、爱不释手。吕夷简长大后不仅一如既往地好学，而且常常带领弟弟妹妹一起诵读诗书、讨论学问。例如，吕夷简与弟弟宗简非常友爱，闲暇之时吕夷简经常和弟弟就某一主题进行思辨和探究，这种学习方法让吕宗简不断提升。此外，吕夷简的堂妹、吕蒙巽的三女儿也曾受到过吕夷简的教益。吕蒙正担任宰相后，堂弟吕蒙巽长期在京城为官，并住在宰相府。吕蒙巽有五个女儿，其中三女儿就出生在宰相府。有一天，吕蒙正见到这个刚出生不久的孩子，他对大家说："这个孩子与众不同，将来不是其他孩子能够比拟的。"几年后，吕夷简在京城就学，并常常亲自指导弟弟妹妹学习。当时，吕蒙巽的三女儿才几岁，但是她看见文字就非常喜欢，于是就博览诗书百家之学。吕夷简惊叹地说："几年以前，宰相伯父（指吕蒙正）说过的话，我信了。"

二、视金如无

吕夷简年少时，堂伯父吕蒙正已经担任宰相，但此时的吕夷简家还比较贫穷。有一年，吕夷简随侍父亲吕蒙亨到福州某县担任县令。马亮见到这个少年后，觉得他举止得体，谈吐不凡，将来必成大业，于是决定将自己的女儿嫁给他。马亮的妻子听到这个消息后非常震惊，她怒气冲冲地对马亮说："夫君对女儿非常疼爱，希望把她嫁到贵人家，如今怎么能嫁给县令的儿子呢？"马亮解释道："夫人，你有所不知，这位少年与众不同，将来一定会有出息，我的判断一定没错。"

听到这里，马亮的妻子怒气消了一半，但她还是想考验考验吕夷简。她知道吕夷简还很贫困，所以她想看看吕夷简到底是不是一个贪财的人。有一天，马亮的妻子派人秘密地在吕夷简的卧室里放置了两锭银子。吕夷简很自律，他见到这两锭银子就像没有看到一样。几天过去了，两锭银子依然放在原处，丝毫未动。马亮的妻子知道后，又派人把这两锭银子拿了回去，吕夷简对此也没有过问，就像这事没有发生过一样。马亮因此对吕夷简更加器重，他说："将来吕郎一定会做太平宰相。"马亮的妻子最终同意将女儿嫁给吕夷简。

由此可见，少年吕夷简不仅聪慧，而且诚恳，不仅自强，而且自律。他的自强为他的未来打下坚实的基础，他的自律为他的人生增添了亮色。需要说明的是，马亮也非常厉害，他独具慧眼，为他的女儿找到了如意郎君，他好似预言家，准确预测了吕夷简的未来。若干年后，马亮的女儿嫁入吕家，马亮也亲自见证了吕夷简拜相。

三、心系苍生

咸平三年（1000），二十二岁的吕夷简进士及第，进入仕途。几年以后，河北发生水灾，吕夷简被选为滨州（今属山东）知州，当时滨州城内到处都是水患，治理水灾成为当务之急。吕夷简到任后，巡视堤坝，带领百姓加固堤防，最终将洪水疏导到河道里去，滨州各地归于安宁。战胜水灾后，滨州百姓回到农田。作为知州，吕夷简理解老百姓在大灾之后的实际困难，他决定为百姓免除徭役、减少赋税，这一政策得到了百姓的大力拥护。有一天，吕夷简闲来无事，随意浏览征税的簿册，簿册上的农器税引发了他的思考。他自言自语道："前代儒学家多次说过：'王道本于农。'如今，征收农器税是出于什么目的呢？"他认为征收农器税是不合理的，于是就上表请求朝廷废除它。朝廷认为吕夷简的建议有道理，所以从此以后国家不再征收农器税。

废除农器税时，太尉王旦正在主持朝政，他对吕夷简非常器重。当时，王曾在中书省为官，王旦问王曾："你知道吕滨州吗？"王曾说："我对他的大名已经知道很久了。"王旦接着说："将来能够办理天下事务的就是这个人啊，你可要好好跟他相处啊！"没想到，多年以后，吕夷简和王曾同朝为相，成为皇帝的重臣。

滨州任职期满以后，吕夷简被任命为提点两浙刑狱，后来又升任尚书祠部员外郎。当时，京师开封大建宫观，所需木材多从南方调发。有关部门要求工匠民夫按时把木材运到京师，但因为定的期限非常紧，以致很多民夫在路上累死了。与此同时，官府还把逃跑民夫的家属关押起来。因为这件事，当时的民间怨声载道，百姓苦不堪言。吕夷简心系百姓，给朝廷上表，希望朝廷放宽运送木材的期限，宋真宗认为吕夷简的奏章有道理，于是就批准了他的建议。随后，吕夷简还上奏说："现在正值寒冬，运输木材非常艰难。等到开春以后，河流解冻，再让士卒轮番运输，这样运输也很便利。"真宗看到吕夷简的奏章后，很有感触，于是召吕夷简入宫。他对吕夷简说："看到爱卿的奏章，发现爱卿真有一颗爱国爱民之心啊！"此后，吕夷简得到重用。

四、三掌相印

景德二年（1005），吕蒙正致仕，回到洛阳居住。大中祥符年间（1008—1016），宋真宗朝拜永熙陵，封禅泰山，祀祠后土，过洛阳，两次来到吕蒙正家。真宗对吕蒙正说："爱卿的几个儿子里，有可以重用的吗？"吕蒙正回答说："我的几个儿子，都不堪重用。我有一个侄子叫吕夷简，他具有宰相之才。”由此，吕夷简被皇帝知晓，二十年后果然成为宰相。

天圣七年（1029）二月，吕夷简被宋仁宗任命为宰相。有一天，玉清昭应宫发生火灾，垂帘听政的刘太后说：“先帝尊道奉天，修建了这座宫殿，如今宫殿失火，让我如何对得起先帝啊？”吕夷简知道刘太后有重建宫殿的打算，于是就用《尚书·洪范》中关于灾异的道理向太后进谏，刘太后自知理亏，沉默不语，重建之事不了了之。

明道二年（1033），刘太后驾崩，宋仁宗亲政，宰相吕夷简手疏八件事上奏仁宗，这八件事分别是端正朝纲、杜绝奸佞、禁止贿赂、辨别忠奸、拒绝请托、疏远内侍、罢免力役、节省开支。吕夷简的建议贴切中肯，成为宋仁宗治国理政的重要抓手。后来，王夫之评价说：“官至宰执的大臣，分条陈述治国的建议，从吕夷简开始。”然而，条陈八事不久，吕夷简因为被当作刘太后的亲党而遭到贬谪，离开相位。几个月后，吕夷简再次拜相，看来宋仁宗是离不开吕夷简的。

吕夷简第二次任相，时间三年半。这期间，随着宗室子弟的不断增多，宗室内的不法之事时有发生，为此吕夷简专门设置了大宗正，增加了教授名额，加强对宗室子弟的管理和教育。吕夷简也被加授右仆射，封申国公。景祐四年（1037）四月，吕夷简因为政事经常和另外一位宰相王曾争吵，两人同时被罢相。

康定元年（1040）五月，吕夷简第三次为相。庆历二年（1042），契丹在幽州和蓟州聚集兵马，声称要大举入侵，朝臣们建议加强洛阳的城防，作为退路。吕夷简说：“契丹人欺软怕硬，如果我们自己先找退路，不足以向契丹示威。真宗景德年间的那场战役（指澶渊之战），如果不是皇帝渡河亲征，契丹人也不会轻易和谈。我们应该在大名府建立北京，表示皇帝将要御驾亲征，以此挫败契丹人的阴谋。”又有大臣说：“你这是虚张声势，我们还不如趁早加固洛阳。”吕夷简回应道：“加固洛阳是春秋时期楚国令尹子囊加固郢都的策略。万一契丹军队渡过黄河，洛阳即使固若金汤，那又有什么用呢？”终于，在吕夷简的建议下，北宋开始在大名府建立北京。

北京大名府建立不久，宋仁宗任命吕夷简为司空、平章军国重事。此时，吕夷简已经身患风眩病，风邪侵袭让他常常感到天昏地转，精力大不如前了。为了减轻吕夷简的工作量，仁宗命他隔几天去一次中书省，并就国家大事进行裁决。吕夷简自知病重，于是想辞去宰相之职，仁宗颁发手诏说：“古人说胡须可以治病，今天朕剪下胡须赐给爱卿。但愿爱卿早日康复，为朝廷再立新功。”此后，吕夷简还多次受到仁宗的优渥之礼。庆历三年（1043）春，吕夷简的病情更重了，他一再请求退休，最终以太尉致仕。第二年，吕夷简辞世，被赠为太师、中书令，谥号文靖，仁宗哭着对群臣说：“吕夷简忧国忘身，这样的宰辅真是难得啊！”由此可见吕夷简在仁宗心目中的位置。

五、《门铭》传世

作为一名士大夫，吕夷简不仅主持了《三朝宝训》《三朝国史》《景祐宝录》的编撰，而且还有《吕文靖试卷》《吕文靖集》留世。若要说吕夷简留给东莱吕氏最重要的一篇文章，莫过于《门铭》，这篇文章可以算作东莱吕氏家训的一部分。《门铭》句子短小，押韵合辙，给人启示，兹录于下：

古者盘盂几杖，规戒存焉！今为门铭，窃类于此。

忠以事君，孝以养亲。宽以容众，谨以修身。清以轨俗，诚以教民。谦以处贵，乐以安贫。勤以积学，静以澄神。敏以给用，直以全真。约以奉己，广以施人。重以临下，恭以待宾。贯之以道，总之以仁。在家为子，在邦为臣。斯言必践，盛德聿新。勒铭于门，永代书绅。

后来，这篇《门铭》被传给吕氏后人。南宋嘉定元年（1208），在吕夷简去世一百六十多年以后，《门铭》已经传到吕夷简的七世孙、吕本中的孙子吕祖平手里。这一年，诗人陆游从吕祖平那里得到《门铭》一文，并写下《跋吕文靖〈门铭〉》：

“一言可以终身行之者，其‘恕’乎？”此圣门一字铭也。“《诗》三百，一言以蔽之，曰：思无邪。”此圣门三字铭也。其简且尽如此。学者苟能充之，虽入圣域不难矣。

丞相申国文靖吕公作《门铭》，自忠孝十有八字，广吾夫子之训，以遗后人。某得本于公元孙祖平，敢再拜书其后，致愿学之意。

嘉定元年夏五月辛亥，山阴陆某谨识。

吕夷简的《门铭》以忠、孝、宽、谨、清、诚、谦、乐、勤、静、敏、直、约、广、重、恭十六字为具体条目，以道仁二字贯穿始终，该《门铭》对东莱吕氏家族具有警示作用，也启发了吕本中《官箴》清、慎、勤思想的形成。

第三节　秉公枢密：五世吕公弼

吕夷简有子七人，有二子早夭，其他五子分别为吕公绰、吕公㥝（sù）、吕公弼、吕公著和吕公孺。其中，吕公弼（1007—1073），字宝臣，赐进士出身，历任英宗朝枢密副使、神宗朝枢密使，去世后赠太尉，谥惠穆；吕公绰（999—1055），字仲裕，赠左谏议大夫；吕公㥝，字明叔，赠右赞善大夫；吕公著（1018—1089），任哲宗朝宰相；吕公孺（1021—1090），字稚卿，赐进士出身，赠右光禄大夫。

一、甚似其父

俗话说虎父无犬子，吕公弼出自官宦世家，自幼受到父亲吕夷简的熏陶。天圣七年（1029），吕夷简拜相，吕公弼因父荫被任命为将作监主簿，后升任大理寺丞。明道二年（1033）正月，吕公弼参加召试，被赐进士出身。所谓召试，是宋朝为已经任职或被荐举的人员举行的特殊考试。召试结束后，吕公弼历任殿中丞、太常博士、郑州通判、三司盐铁判官等职。

庆历四年（1044），吕夷简去世，宋仁宗悲不自胜。有一天，仁宗又想起了吕夷简，他向侍臣询问吕夷简的后人，知道了吕公弼的名字，于是就把吕公弼三字写在大殿的柱子上。说来也巧，想当年宋真宗把吕夷简的名字写在屏风上，后来仁宗重用了吕夷简。如今，仁宗又把吕公弼的名字写在殿柱上，后来的英宗也重用了吕公弼，这真是历史的巧合啊！

自从宝元（1038—1040）以来，朝廷一直在边境驻军，百姓疲于运送粮饷。皇祐二年（1050），吕公弼被任命为河北转运使。为了解决粮饷问题，吕公弼做了如下工作：疏通御河，通过水道把粮食运送到北方边境，把冶铁收入作为运输经费；迁移靠近边塞的屯兵到东京开封领取军粮；免去冗税和百姓所欠赋税几百万。这些工作，仁宗看在眼里，记在心上。皇祐三年（1051），吕公弼被提拔为都转运使。皇祐五年（1053），吕公弼出知瀛洲。第二年，吕公弼又被任命为开封代理知府。有一天，吕公弼到皇宫奏事，奏事离开时，仁宗目送着他对宰相说："吕公弼很像他的父亲。"

二、军府立威

至和元年（1054），吕公弼被任命为同群牧制置使。早在宋真宗时，中央设置了专门机构——群牧司，群牧司负责马匹的牧养、繁殖、训练、使用等事务，该司设有群牧制置使、同群牧制置使等职。吕公弼在同群牧制置使任上，不阿权贵，秉公办事，得到了上级的认可。

嘉祐二年（1057），吕公弼再除枢密直学士、泾原路经略安抚使，知渭州。嘉祐四年（1059），吕公弼迁右谏议大夫、鄜延路经略安抚使，知延州。渭州、延州地处北宋的西北边境，与西夏接壤。吕公弼使这两州军纪严明、一丝不苟，保证了北宋西北的一方太平。

嘉祐五年（1060），吕公弼拜龙图阁学士，知成都府。在成都期间，吕公弼实施的政策比较宽松，以至有人认为他缺少威严。很快这种评价就传到吕公弼的耳朵里。后来，一名士兵触犯了军法，按令应该处以杖刑，可是这名士兵扯着嗓子喊道："我不服，我宁愿被剑刺死，也不同意实行杖刑。"吕公弼听到后说："杖刑是国法规定的，剑杀是你自愿的。国法你不能违抗，意愿我可以满足你。"说罢，吕公弼下令先对这名士兵施以杖刑，然后又把他斩杀了。这个案件之后，军府上下再也没有人敢质疑吕公弼的威严了。

三、拜枢密使

嘉祐八年（1063），宋仁宗驾崩，宋英宗即位。蔡襄因为善于理财，被英宗任命为三司使。不久以后，英宗打算罢免蔡襄，召吕公弼继任三司使。其实，早在吕公弼担任群牧工作时，英宗就知道吕公弼，当时英宗赵曙还是藩王。有一天，赵曙被赐予一匹劣马，想要更换却没有得到吕公弼的同意。如今，赵曙已经是皇帝了，他对吕公弼说："过去，通过换马事件，朕已经很了解你了。如今，蔡襄主管国家的财赋，遇到事情不按时决断，很多事情都耽误了。你接任他的职务之后，对财赋有什么计划吗？"吕公弼叩首辞谢，并对英宗说："陛下，蔡襄办事从来没有疏忽过，说蔡襄误事恐怕是谣言吧。"听到这话，宋英宗认为吕公弼并没有通过打压别人来提升自己，是一个忠厚长者。治平二年（1065），吕公弼被宋英宗任命为枢密副使。

治平四年（1067）正月，仅仅当了四年皇帝的英宗驾崩，神宗即位。

此时，内臣高居简遭到了司马光的弹劾，宋神宗犹豫不决，不能做出裁决。吕公弼对神宗说：“司马光和高居简两人有隔阂，但高居简是个内臣，司马光是个高官，陛下千万不要因小失大啊！”神宗说：“依卿之见，朕应该怎么办呢？”吕公弼说：“让高居简升官，但解除他的近臣之职，司马光应该不会有异议。”后来，吕公弼的建议被神宗采纳了，司马光对这一处置非常满意。不久，吕公弼被任命为枢密使。在宋代，中央实行二府三司制。所谓二府，即中书门下和枢密院，中书门下的最高长官是宰相，负责行政；枢密院的最高长官是枢密使，负责军事。宰相和枢密使共同执掌朝廷的军国大事。吕公弼官至枢密使，是继吕蒙正、吕夷简之后东莱吕氏家族的又一位高官。

作为枢密使，吕公弼以擅长称停闻名官场。所谓称停，即斟酌权衡，务求平正。每当遇到事务时，吕公弼不急于立即拿出解决方案，他一定会左右衡量，从正反两个角度反复思考，直到想出一个万全之策。人们常说：“经吕枢密衡量之后得出来的解决方案，无论是人情还是事理，无不允当。”

四、友于兄弟

熙宁二年（1069），王安石被任命为参知政事。在政治上，王安石属于新党，东莱吕氏属于旧党。这时，王安石极力拉拢吕公弼站在自己这个阵营，但吕公弼不为所动。为了逼迫吕公弼就范，王安石特意禀告神宗，升任吕公弼的弟弟吕公著为御史中丞。王安石心想，他已经给了吕公弼一个人情，吕公弼无论如何也应该站到自己的阵营了。

任命文书下发后，吕公弼感到深深的不安，一边是弟弟吕公著的政治前途，一边是自己的政治理想，如何才能平衡两者的关系呢？为了不影响弟弟的仕途，也为了不改变自己的政治信念，吕公弼决定辞去枢密使一职。然而，吕公弼的辞职请求被拒绝了。

熙宁三年（1070），王安石升任宰相，并在全国范围内推行新法。吕公弼多次上疏，建议朝廷以安宁清净为本。神宗皇帝支持变法，贬吕公弼为河东路并州知州。熙宁四年（1071），吕公弼因为生病要求回到内地郑州做知州。此时，北宋名将王韶收复熙州（治所在今甘肃临洮），扭转了北宋在西北地区的被动局面。为了加强对西北的管辖，朝廷决定在陕西路西部设置秦凤路，治所在秦州（今甘肃天水）。然而，派谁担任秦凤路主帅成了朝廷讨论的焦点。神宗说："现在派兵到秦凤很仓促，吕公弼在河东，他有安抚指挥的才能，应该派他去。"于是，吕公弼被任命为秦凤路经略安抚使、秦州知州。

因为吕公弼被贬黜过，如今又生了病，神宗担心吕公弼不肯去。可是，吕公弼是个识大体的人，他一听到任命就立即整装待发。神宗很高兴，召吕公弼入朝，慰劳了他一番。慰劳之后，吕公弼赶赴秦凤治所。此时，羌人首领董毡擅自写信称敕——要知道"敕"是皇帝下达的命令。吕公弼拒绝接受，并对董毡说："一个藩臣怎么能够妄自称敕呢？"董毡非常害怕，从此不敢称敕。一个月以后，秦凤路趋于稳定，吕公弼再次因病请辞。最终，吕公弼被拜为西太一宫使。熙宁六年（1073），吕公弼病逝于家，享年六十七岁。

第四节　守成良相：五世吕公著

在吕氏家族宗祠，有这样一副通用联：“夹袋储贤，推圣功之雅量；立朝正色，懔晦叔之遗风。”上联说的是吕蒙正，下联说的就是吕公著。吕公著（1018—1089），字晦叔，吕夷简之子。庆历二年（1042），二十五岁的吕公著进士及第。四十多年后的元祐元年（1086），吕公著被拜为哲宗朝的宰相。这年九月，宰相司马光去世，吕公著成为独相。元祐三年（1088），吕公著被任命为司空、同平章军国事。第二年二月，吕公著辞世，朝廷赠太师、申国公，谥正献。

一、嗜学有行

吕公著自幼就受到传统的教育，他酷爱读书，常常读到废寝忘食。当时，社会上流行一种叫作博戏的娱乐活动，所谓博戏就是赌博。宋代人喜好赌博，甚至将赌博当成一种“雅事”。但是，吕公著从小就不参加赌博活动。他说：“赌博是一件很侥幸的事，赢了别人，取之非道，有伤廉德；输给别人，会增加别人的侥幸心理，有伤恩义。”所以，赌博败坏家风，扰乱礼仪，吕公著坚决反对赌博活动。

吕公著从小就表现出聪明才干和优秀品质，他的父亲吕夷简说：“将来这个孩子一定能够位列公辅。”吕夷简的四个儿子公绰、公弼、公著、公孺从小都很聪明，吕夷简曾对夫人说：“这四个孩子将来都能官运亨通，只是不知道谁能成为宰相，我们可以设计情境考验一下他们。”有一天，吕夷简夫妇想到一个办法，他们把丫鬟叫过来，暗地里吩咐她几句话。不一会儿，只见丫鬟端着几件宝器往厅门走去，跨过门槛的时候，丫鬟故意跌倒，几件宝器都摔碎了。此时，吕夷简的四个儿子正好都在厅门旁边。公绰、公弼、公孺见状，脸色苍白，匆匆跑去告诉母亲，只有公著镇定自若地站在那里，并不时对丫鬟进行安慰。看到这里，吕夷简悄悄对夫人说：“公著这个孩子，气量很大，遇事镇定，将来一定能做宰相。”吕公著体恤下人，气量不凡，确有宰相之才。

说到气量，吕公著还是一位有忍耐力的人。他从不斤斤计较，即使听到流言蜚语也不辩解。小时候，吕公著就在自己的书桌上写了一句座右铭：“不善加己，直为受之。”意思是说：不善的言行施加到自己的身上，一定要坦然地承受它。吕公著是这样写的，也是这样做的。后来，他的忍耐行为还被写入了《忍经》。其实，吕公著的忍耐力出于他的天性。他冬天不烤火，夏天不用扇，对于声色犬马，更是视之漠然。对于这样有自制力和忍耐力的人来说，如果他不能出人头地是没有道理的。

及冠以后，吕公著凭着他的才学致力于科举考试。在宋代，为了杜绝履历造假，国家实施履历公证制度。从各路州县到京城，都设有一个叫作书铺的公证机关，凡是进京应试的举子，都要到书铺验证加印。此时，吕公著的父亲吕夷简正在担任宰相，但是他并没有搞特殊化。吕公著独自一人来到书铺，他穿着旧衣服，骑着小毛驴，谦虚辞让的样子就像是出自贫寒之家，见到的人都很欣赏他的举止，但不知道他是谁。等到他离开以后，有人询问书铺的工作人员，大家才知道这个小伙子原来是宰相之子吕公著。人们纷纷为宰相的家风感到惊叹。

二、耿直敢谏

庆历二年（1042），吕公著登进士第。此后二十多年，吕公著历任颍州（今安徽阜阳）通判、崇文院检讨、天章阁待制兼侍讲。嘉祐八年（1063），宋仁宗驾崩，英宗继位，曹太后垂帘听政。治平元年（1064）五月，曹太后撤帘还政，英宗亲政。第二年，吕公著被授予龙图阁直学士之职。此时，宋廷掀起了关于英宗生父名分的濮议之争。

原来，宋仁宗没有后嗣，英宗是仁宗的养子，他的生父是濮王赵允让。英宗继位以后，如何称呼生父成为一大礼仪问题。当时，韩琦、欧阳修提议称濮王为皇考，而吕公著、吕诲、司马光等人坚决反对韩琦、欧阳修的提议，认为英宗继承了仁宗的大统，只能称濮王为皇伯。后来，大臣王珪认为，濮王在皇族内是仁宗的哥哥，应该称濮王为皇伯考。吕公著说："真宗称太祖为皇伯考是理所当然的，两位都是皇帝，也是亲伯侄，岂能把皇伯考施加在濮王身上呢？"又过了一段时间，朝廷下诏称濮王为亲，而且赐了讳号。吕公著又说："称亲有两个父亲的嫌疑，王和帝不能同讳。”濮议讨论到最后，吕诲因反对称濮王为亲被赶出朝廷。吕公著说：“自陛下登基以来，谏官遭到多次贬退，以后还有谁敢进谏呢？”尽管如此，英宗还是没有采纳吕公著的谏言。为此，吕公著请求外任。英宗说：“吕学士历来为朕所器重，你怎么能离开朝廷呢？”但是，因为进谏一事，吕公著不停地请求补外，最终得以出任蔡州知州。

神宗继位后，吕公著回朝。王安石变法以后，吕公著出知颍州。元丰元年（1078），吕公著担任同知枢密院事。元丰五年（1082），吕公著因数谏不纳辞去枢密院事，以资政殿大学士担任定州安抚使。不久，永乐城（今陕西米脂西）陷落，神宗临朝叹息说：“边境的百姓生活如此艰难，但只有吕公著向朕说过，他的爱民如子和直言不讳为朕所欣赏。”不久，吕公著徙知扬州。扬州，西距真州三十里，并与真州同属淮南东路，治所在江都（今江苏扬州）。神宗多病，将要立太子，他意识到吕公著的公心和能力，于是对大臣们说：“将来，太子要以吕公著、司马光为师傅。”

元丰八年（1085），神宗驾崩，哲宗以幼冲之年登上帝位，太皇太后高滔滔垂帘听政。吕公著以侍读之职回朝，太皇太后派使臣迎接。按照太皇太后的旨意，使臣询问他有什么谏言，吕公著说：“宽省民力是先帝的本意，然而有人却通过变法侵夺百姓的利益。长此以往，新法的弊端越来越深，老百姓也越来越困苦。所以，如今要提拔公允正直之士，讲求天下利弊，同心协力发展民生，那么天下安定就不难了。”

入朝以后，吕公著上奏说：“新君刚刚即位，应该正始以示天下，修德以安百姓。修德的要旨，莫先于学习。只有通过学习，才能找到通往光明和太平的大道。现在，臣冒死陈述十事，曰畏天、爱民、修身、讲学、任贤、纳谏、薄敛、省刑、去奢、无逸。”紧接着，吕公著又请求多设谏官，以广开言路。无论是陈述十事，还是请求广开言路，这些都表达了吕公著对新朝的殷切期望。不久，吕公著被授予尚书左丞、门下侍郎之职。

三、元祐当国

元祐元年（1086）四月，吕公著被拜为尚书右仆射兼中书侍郎，与吕公著搭档的是尚书左仆射兼门下侍郎司马光。司马光为左相，吕公著为右相，两人同心辅政，合作非常愉快。然而不幸的是，这年九月，左相司马光因病逝世。吕公著因为谦虚谨慎、勤勤恳恳，被太皇太后任命为唯一的宰相。

太皇太后高滔滔是神宗的母亲，但她对神宗支持、王安石推动的熙宁变法一直持否定态度。神宗去世后，太皇太后垂帘听政，她决定起用旧党，废除新法，因为废除新法发生在元祐年间，所以史称元祐更化。在担任独相期间，吕公著为元祐更化做出了巨大贡献。熙宁变法时，科举考试废除了词赋，考试内容以王安石的《三经新义》为准，而且还夹杂了佛、道、法家的学说。结果，应考的士子不再诵读本经，而是只用王安石的书来谋求官位，只要熟读王安石的书就能考取好成绩，所以科举的弊端越来越多。吕公著命令主管科举的部门不能从《老子》《庄子》中出题，应试的举子也不得学习申不害、韩非子、佛家的学说，经义参用古今各位大儒的学说，不得专取王安石的《三经新义》。吕公著还下令恢复贤良方正科。贤良方正科，既重才能，又重德行，是选拔人才的科目之一。该科最早设于西汉，常常和直言极谏相连，应试者需要通过皇帝的策问，并根据成绩高下来授予官职。吕公著认为贤良方正科能够很好地选才，所以把它恢复。

不久，右司谏贾易因为诋毁朝廷大臣，将要受到严厉的责罚。吕公著替贾易说好话，结果贾易仅仅被罢知怀州。退朝以后，吕公著对同僚们说："谏官的职责是发表言论，至于说的正确与否，我们暂且不论。关键在于当今圣上正值壮年，如果今后有人进谗言或者制造惑乱，正是需要依赖左右诤臣来纳谏，不能使陛下轻易讨厌进谏之人。"听到宰相吕公著的远见，众人没有不叹服的。吕公著历来重视进谏，如今他又来保护进谏之人，这足以说明吕公著的公心。

元祐三年（1088），年迈多病的吕公著恳请辞去相位，但是太皇太后高氏非常器重吕公著，认为他是一位难得的良相，仍旧拜他为司空、同平章军国事。要知道，同平章军国事是不会授予一般人的，从宋朝建立到哲宗时期已经过了一百多年，大臣以三公平章军国事者只有四个人（王旦、吕夷简、文彦博、吕公著），而吕夷简、吕公著父子就占了两个名额。当时的士人对东莱吕氏的荣耀无不羡慕。为了方便吕公著执政，朝廷下诏在东府的南面建了一处府第让吕公著居住。这处府第向北边开门，更加方便了吕公著入朝执政。吕公著是平章军国事，凡是三省和枢密院的工作，他都可以总理，可谓权倾一时。按照规章制度，朝会每隔一天举行一次，议事要在都堂举行，但是吕公著因为生病可以来去自由，这是朝廷对他的特殊恩典。

元祐四年（1089），吕公著去世，享年七十二岁。因为对吕公著的痛惜，太皇太后和哲宗亲自到吕府祭奠，哲宗还亲笔为吕公著题写碑首曰

“纯诚厚德”。《宋史》评价说，吕公著在处理政务时永远保持正道，他实在是北宋时期守成的良相。

四、开启吕学

在东莱吕氏家族中，吕公著是最早登上《宋元学案》的。从吕公著开始，东莱吕氏有七代二十二人登上《宋元学案》。可以说，吕公著开启了东莱吕学的端绪。

吕公著自幼酷爱读书，二十五岁就考中进士。皇祐元年（1049），吕公著通判颍州。颍州是一个人杰地灵的地方，晏殊、欧阳修、苏轼等人都曾在颍州为官。而且，就在吕公著通判颍州时，当时的颍州知州正是欧阳修。欧阳修比吕公著大十一岁，政务之余两个人结成了讲学之友。吕公著讲学以治心养性为本，他的学问和品行深得欧阳修的赞许。至和二年（1055），欧阳修出使契丹，契丹国主向欧阳修询问中原的学行修明之士，欧阳修首先回答的是吕公著的名字。

除了与欧阳修一起讲学，吕公著还广泛地与宋代理学先贤交游，他也在交游中为吕学的发展奠定了坚实的学术基础。周敦颐，字茂叔，是宋代理学思想的开山鼻祖。熙宁初，吕公著推荐周敦颐为广东转运判官提点刑狱，周敦颐在感谢吕公著的信中说：“在下能够到广东为官，得益于您的荐举，感谢您对在下的赏识。”其实，吕公著与周敦颐并没有密切的交往，但吕公著爱惜人才、尊重学术，所以周敦颐成为他举荐的对象。

邵雍，字尧夫，谥康节，著名的象数学家。熙宁中，王安石变法正在进行，富弼、司马光、吕公著退居西京洛阳。此时，邵雍正在洛阳，吕公著等人一向倾慕邵雍的学问，于是他们和邵雍交游，并为邵雍购置了宅院。邵雍将这处宅院定名为安乐窝，自号安乐先生。吕公著等人时常在安乐窝聚会，跟从邵雍学到很多象数知识。

张载、张戬兄弟，关中人，号称“二张”，开创了“关学”。其中，张戬为御史，得益于吕公著的推荐。程颢、程颐兄弟，号称“二程”，是张载的表侄。吕公著与“二程”的交谊极深，他们密切交往了几十年。熙宁二年（1069），吕公著荐举程颢担任太子中允、监察御史里行。元丰八年（1085），吕公著、司马光共同推荐程颐为西京国子监教授、崇政殿说书。在推荐文书中，两人称程颐“力学好古，安贫守节，言必忠信，动遵礼法，……真儒者之高蹈，圣世之逸民”。

在与诸位理学先贤的交游中，吕公著也把自己融入理学的建构当中。在《宋元学案》中，有一卷叫范吕诸儒学案，范指的是范镇，吕指的就是吕公著。吕公著不仅把学问传给儿子，而且还收有弟子邢居实。邢居实，字惇夫，年幼时被称为神童，十几岁就以文章名世。他先后拜孙觉、司马光、吕公著为师，著有《呻吟集》一书。然而不幸的是，邢居实在元祐二年（1087）去世，年仅二十岁。吕公著的学问通过家学传承下来。

吕公著一生，气度宽宏，学问精粹，遇事善于决断，如果对国家有利，他不会因为个人的私利而改变主意。此外，吕公著还怀有好德乐善之心，每次议论政事，他总是能博取众善以为善，善成了他判断是非的重要标准，这个标准后来也融入东莱吕氏的家风当中。

第五节　崇政殿说书：六世吕希哲

吕公著有子三人：长子吕希哲；次子吕希绩，字纪常，历任颍州、寿州知州；三子吕希纯，字子进，进士及第，官至宝文阁待制。吕希哲（1039—1116），字原明，封荥阳子，世称荥阳先生。吕希哲在东莱吕氏家族中排行第七，故侄辈称其为吕七丈。综观吕希哲一生，他的仕途并不顺利。早年，吕希哲绝意科举，以恩荫担任管库等小官。父亲吕公著去世后，他有机会入朝为官，凭借才学担任崇政殿说书一职。后来，新旧党争兴起，吕希哲兄弟和父亲同入“元祐党籍碑”。晚年，吕希哲寓居淮、泗之间，政治上终无起色。

吕希哲尽管在仕途上不顺，但在学术上还是有一席之地的。元祐七年（1092），吕希哲被任命为崇政殿说书，这是给皇帝讲解经史、备皇帝顾问的官员，多由学行修明之士担任，这说明吕希哲有一定的学术功底。寓居淮、泗期间，吕希哲收了很多弟子，为宋代理学的发展和吕氏家学学术地位的奠定做出了重要贡献。后来，《宋元学案》将他列为“荥阳学案”案主，他的《吕氏杂记》《吕氏家塾记》对吕氏后人具有深远影响。

一、申国家规

吕希哲是吕公著和鲁氏之子，因为吕公著后来被赠为申国公，所以鲁氏也被称为申国夫人。鲁氏是肃简公鲁宗道之女。鲁宗道，字贯之，曾和吕夷简同时担任参知政事，后来二人成为儿女亲家。鲁宗道为人刚正，疾恶少容，遇事敢言，后来他的这一性格遗传给女儿鲁氏。

作为吕希哲的母亲，鲁氏教子以严著称，她告诫儿子行走坐卧都要严守规矩。吕希哲刚刚十岁，鲁氏就要求他对长辈行侍立之礼，无论风霜雨雪，他整天按照礼节侍立在母亲身旁，母亲不示意他坐他是不敢坐的。鲁氏还要求他每天见长辈，一定要衣帽整齐。平时在家里，只要有长辈在身

吕希哲像

旁，无论天气有多么热，鲁氏都不允许他摘掉头巾、脱掉鞋袜。鲁氏还严禁吕希哲到茶坊酒馆里去，所以对于市井上的不正当话语，吕希哲从来没有听过；不正当书本，吕希哲从来没有看过。鲁氏的严厉和谨慎，为吕希哲的成长奠定了良好基础。有人评价鲁氏说："申国夫人，严于教子，事事循规，必恭敬止。"

皇祐元年（1049），吕希哲十一岁，他的父亲吕公著通判颍州，他和母亲鲁氏随行。当时，颍州的知州是大文学家欧阳修。有一天，范仲淹以资政殿学士知青州，路过颍州，于是来看望欧阳修和吕公著。范仲淹对吕公著说："晦叔啊，'近朱者赤，近墨者黑'。欧阳永叔在此，你可要多和他切磋，向他请教啊！"此时，鲁氏正在大厅，于是她就赶紧把"近朱者赤，近墨者黑"的话语教给吕希哲。鲁氏用心教育儿子，吕希哲在良好的家教氛围中健康成长。

不仅如此，父亲吕公著也关注着吕希哲的成长。有一天，吕公著对张文潜说："我的儿子吕希哲能够做到'不欺暗室'。"所谓"不欺暗室"，就是在没有人看见的地方，也不做亏心事。《中庸》上说："莫见乎隐，莫显乎微，故君子慎其独也。"君子在没有人的地方，也要谨慎自己的言行。吕希哲"不欺暗室"，这是君子行为，而这种君子行为的养成与父母的家规有着必然的联系。

二、娶妻张氏

吕希哲长大以后，吕公著和鲁氏为儿子定了一门亲事，女方是张昷之的女儿、鲁宗道的外孙女。原来，鲁宗道有两个女儿，长女嫁给张昷之，幼女则嫁给了吕公著。如今，吕公著和张昷之这对连襟又成了儿女亲家。

张昷之，字景山，官至天章阁待制、河北都转运使。张昷之严肃刚毅、不屈不挠，和岳父鲁宗道的性格完全相同，所以鲁宗道对这个女婿非常喜欢，家里的一切事务都委托给张昷之处理。吕希哲的妻子张氏是张昷之的幼女，张昷之对她非常钟爱。但是，张昷之治家以严著称，即使日常的细微小事，张昷之教育女儿都要严守法度。例如，对于每天的饮食，张昷之要求主食可以添加，但鱼肉是有定量的，吃了自己的那一份就不能再添加了。张氏生活在这样有法度的家庭，可以想见她的品行和修养应该不会差。

纳采、问名、纳吉、纳征、请期以后，张氏嫁到吕家。过了一段时间，张氏的母亲、申国夫人的姐姐到吕府来看望女儿。张母走到吕希哲和张氏的房间，发现房后摆放着锅碗瓢盆之类。张母非常不高兴，她对申国夫人说："怎么能让小辈儿单独做饭呢？这不是坏了家法吗？"原来，在古代的大家族中，同居共爨（cuàn，意为烧火煮饭）是一项重要家法，只要有父母在堂，分家做饭是不被允许的。由此可见，张母对张氏的要求也是非常严格的。从此之后，张氏再也不敢开小灶。她和丈夫吕希哲的相处也非常融洽。

此后，吕希哲和张氏走过了风风雨雨六十年。吕希哲因担任过崇政殿说书，侍从在皇帝身边，为其讲过经史，所以被称为吕侍讲，张氏也被封为仙源君。张氏说："我和侍讲做了六十年夫妻，六十年里我们没有红过一次脸，即使我们两个人单独相处，也没有开过玩笑。"吕希哲的夫妻相处之道体现了吕、鲁、张三家的严正家风。

三、不慕功名

按照常理，作为宰相之子，吕希哲本该顺利走上仕途，但是他却走了一条坎坷的为官之路。这是为什么呢？这与吕希哲的人生理想有关，同时也受到当时政治环境的影响。小时候，在父母和诸位先生的影响下，吕希哲读了很多书。长大后，吕希哲遍从名师。在没有变法以前，吕公著与王安石相互推重，而且他还让儿子吕希哲也向王安石问学。

吕公著担任高官以后，吕希哲通过父荫入官，王安石劝吕希哲说：“原明啊，我建议你不要再参加科举考试了。没有当官的人参加科举，主要是想通过科举改变自己的人生面貌。但是如果当上官，还参加科举考试，这是想侥幸获得更多的功名利禄，有德行的学者是不会这样做的。”吕希哲通过父荫入官，他不慕功名，所以从此就放弃了科举。王安石主持变法以后，他想让自己的儿子王雱（pāng）做讲官，因为吕希哲有贤名，所以王安石打算先任用他。但是，吕希哲推辞说：“承蒙您的长期赏识，一旦我做了讲官，在政见上难免会和您有不同，到那时我们的交情可就没有了。”听到这句话，王安石放弃了任用吕希哲。

熙宁年间，王安石进行了大刀阔斧的改革，史称王安石变法。但是，王安石变法在执行的过程中损害了老百姓的利益，遭到了旧党司马光、吕公著等人的坚决反对。此时，昔日相互推重的吕公著和王安石走向了政治的对立面。作为吕公著之子，吕希哲当然反对王安石推荐他做讲官。

元丰八年（1085），支持变法的神宗驾崩。第二年，王安石去世。在太皇太后高氏的支持下，旧党吕公著担任宰相。在吕公著为相期间，吕希哲的两个弟弟希绩、希纯都已经入朝为官。宰相父子同朝为官难免会引起同僚的流言蜚语，为了避嫌，吕希哲甘愿长期滞留在管库。过了很久，朝廷任命吕希哲判登闻鼓院。判登闻鼓院是受理官民建议和申诉的官职，比管库的地位高了许多，但是这一任命还是被吕希哲回绝了。吕公著听到这个消息，非常惋惜地说："当今的人才，我都已经收罗尽了。唯独我这个儿子因为我的缘故没有入朝为官，这真是命啊！"吕希哲的母亲鲁氏非常贤达，听到丈夫的话，笑着对吕公著说："老爷，您还是不了解咱们的这个儿子啊！"吕希哲是在鲁氏的亲自教导下长大的，鲁氏知道儿子是一个不慕功名的人，所以儿子的行为并没有让她感到吃惊。

元祐四年（1089），吕公著去世。服丧期满后，吕希哲被任命为兵部员外郎。他的妹夫、北宋著名的史学家范祖禹对哲宗说："我的内兄吕原明是一个品德高尚、学问精粹之人，岳父申国公就常常说他'不欺暗室'，他完全可以担任陛下的侍读官。过去，臣是在职官员，为了避嫌，不敢向陛下举荐吕原明。如今，臣要隐退了，这个嫌疑可以解除了，希望陛下不要错过这个贤才。"由此，吕希哲被任命为崇政殿说书。

从汉朝开始，中国历朝历代都实行为皇帝讲解经史的经筵制度。在宋代，凡是侍读学士、侍讲学士、侍读、侍讲和崇政殿说书，都被称为经筵官。经筵官的品秩很低，例如崇政殿说书只是从七品，但是经筵官能够通过进讲向皇帝陈说对政事的看法，进而影响皇帝的价值观念。作为崇政殿说书，吕希哲常常劝哲宗要以修身为本，而修身又要以正心诚意为主。他说："只有内心端正、意念诚恳，才能提高自己的修养，进而感化天下人。如果自己的修养不提高，那么即使是身边的人也得不到感化，就更别说是天下人了。”

元祐八年（1093），太皇太后高氏病逝，谥号宣仁圣烈皇太后，由此高氏又被称为宣仁太后。宣仁太后去世后，朝廷的政治环境再次发生变化，绍圣党论、崇宁党祸相继而来，新党再次得势，吕希哲作为旧党之后不断遭到贬谪。晚年，吕希哲寓居淮、泗之间，通过教授弟子和子孙实现了自己的人生价值。

四、不名一师

作为《宋元学案》中“荥阳学案”的案主，吕希哲在北宋学术界具有一定的成就。这些学术成就的取得，离不开吕希哲的精诚努力和他从各位老师身上汲取的学术营养。吕希哲曾经说过：“资质在中等以下的人，家族内没有贤明的父母和兄弟，社会上没有得力的老师和朋友，想取得杰出的成就，是不太可能的。”

东莱吕氏一向有不名一师的家风，吕希哲的成才就得益于焦千之、胡瑗、孙复、邵雍、王安石、程颐等多位先生的教导。焦千之，字伯强，丹徒人。皇祐元年（1049），欧阳修知颍州，吕公著为颍州通判，秀才焦千之也追随欧阳修到颍州。焦千之严毅方正、一心向古，受到吕公著的钦佩，后来吕公著请求焦千之做自己儿子的家庭教师。第二年，因为工作调动，吕公著要离开颍州回到京城，焦千之作为家庭教师与之随行。这时，欧阳修为焦千之写了一首送别诗，即为《送焦千之秀才》，诗中说：“焦生独立士，势利不可恐。谁言一身穷，自待九鼎重。有能揭之行，可谓仁者勇。吕侯相家子，德义胜华宠。焦生得其随，道合若胶巩。”

焦千之是一位学行修明之士，他不畏权势，不慕利禄，唯以读书修身为业。吕公著是已故宰相吕夷简的儿子，他具有识人之才，而且他的德行超过他的富贵。如今，焦千之要跟随吕公著到京师，吕、焦两人志同道合，两人的友谊像胶水粘得那样牢固。

入京以后，焦千之并没有让吕公著失望，希哲、希绩、希纯三兄弟在焦千之的教导下快速成长。焦千之眼里容不得沙子，他的教学也以严厉著称。一旦希哲兄弟稍有差错，他就命令希哲兄弟和他相对而坐。焦千之终日不说一句话，希哲兄弟一点儿也不敢动，对焦千之非常敬畏。此时焦千之才略微舒展脸色，允许希哲兄弟回到原位。多年以后，希哲的三弟希纯也担任颍州知州，此时焦千之已经进入暮年。为了感念师恩，希纯在颍州南城为焦先生建了一座宅第，当地人都称这座宅第为焦馆，这当然都是后话了。

嘉祐四年（1059），吕希哲二十一岁。在父亲的要求下，吕希哲进入太学读书。太学是国家的最高学府，师资雄厚，弟子众多，吕希哲从游其中，获益良多。在这里，他先后跟随胡瑗、孙复、石介读书。要知道，胡瑗、孙复和石介并称为“宋初三先生”，而“宋初三先生”都是吕希哲的老师，这真是他的幸运。

胡瑗，字翼之，世称安定先生，他是中国历史上非常著名的教育家，“分斋教学法”就是他的伟大创举。在太学里，吕希哲和黄履、邢恕是同斋同学。当时，黄履二十六岁，为斋长。他读书特别专心，每天早晨读经书五百遍，饭后读史书一百遍，晚上读子书三百遍。每当读书时，黄履一定是正襟危坐、一动不动，所读的篇章字字清晰、句句分明，其严谨认真得到了众人的交口称赞。邢恕，字和叔，比吕希哲还小两岁。他在同斋中虽然年少，但对当世的时务无不通晓，对当世的人才无不了解，他的聪明博学得到了大家的一致赞同。吕希哲每天和这样的同学生活、学习在一起，大家互相砥砺，互相促进。

在太学里，吕希哲还和另一位学友交往密切，那就是与他邻斋的程颐。程颐，字正叔，世称伊川先生，比吕希哲大六岁。在与程颐交往的过程中，吕希哲发现程颐思维缜密、议论不凡，于是他就正式拜程颐为师。据悉，吕希哲是第一个用老师之礼侍奉程颐的人，此后邢恕等人竞相跟随程颐学习。元祐年间，程颐回到洛阳。有一次，他给吕希哲的妹夫写信说："长期留在吕晦叔宰相身旁，能够助推吕宰相坚守正道的人，大概只有原明子吧。"吕希哲字原明，子是对有学问的人的一种尊称。由此可见，程颐对吕希哲的评价是非常高的。

熙宁年间，司马光、吕公著等人退居洛阳，他们与象数学家邵雍过从甚密。邵雍认为洛阳是天地的中心，于是就到洛阳居住。在洛阳期间，吕公著见识到了邵雍的精微学术，于是命自己的儿子希哲、希绩、希纯都向邵雍学习。由此，希哲兄弟和邵雍的儿子邵伯温成为要好的朋友。多年以后，邵伯温写了一部《邵氏闻见录》，该书记录了很多东莱吕氏族人的事迹，例如关于吕蒙正的有两条，关于吕夷简的有四条，关于吕公弼的有一条，关于吕公著的有一条。邵伯温与公著、希哲父子过从甚密，也许东莱吕氏族人的事迹就是通过他们的相互交流记录下来的。

新旧党争之前，吕希哲通过多方拜师不断提升自己。新旧党争之后，吕希哲寓居淮、泗，将自己的学术传给了弟子。《宋元学案》说："荥阳少年，不名一师。初学于焦千之，庐陵（欧阳修）之再传也。已而学于安定，学于泰山（孙复）、学于康节，亦尝学于王介甫（王安石），而归宿于程氏。集益之功，至广且大。”

第六节　尚书右丞：七世吕好问

吕希哲有子三人：长子即吕好问；次子吕疑问（1067—1126），字舜察；三字吕切问（1077—1133），字舜从。吕好问（1064—1131），字舜徒，吕希哲之子。吕好问生活在两宋之际，哲宗后期、徽宗时期，新旧党争四起，吕好问作为旧党子孙政治不得志。钦宗时期，金兵攻宋，天下大乱。吕好问有感于东莱吕氏世沐皇恩，决定肩负起自己的历史使命。靖康元年（1126），吕好问被赐进士出身，擢御史中丞。同年十月，金兵围攻汴京，吕好问升任兵部尚书。靖康二年（1127），靖康之变发生，金人立张邦昌为伪楚皇帝，吕好问为了方便处事，决定在伪楚政权担任门下侍郎一职。吕好问左右奔波，一方面劝张邦昌退位，另一方面又遣使劝康王赵构登基。这年五月，赵构登基为帝，是为宋高宗，南宋开始，吕好问被任命为尚书右丞。然而，因为有在伪楚任职的"污点"，吕好问被迫离开朝廷。随着金兵的不断南下，吕好问携全家流寓江南。建炎三年（1129）

冬，吕好问进封东莱郡侯。两年后，吕好问病逝于桂州（今广西桂林），享年六十八岁。

一、不攀富贵

吕好问是东莱吕氏始祖吕梦奇的七世孙。当吕好问及冠的时候，北宋已经延续了一百二十多年，这意味着东莱吕氏也已经辉煌一百多年了。然而，就在这时，北宋的末日也不远了。元符三年（1100），宋哲宗驾崩，继承皇位的是宋哲宗的弟弟宋徽宗。宋徽宗是一位书画皇帝，吃喝玩乐是他的主业，而治国理政则成了他的副业。由此，在宋徽宗身旁聚集了一批奸贼佞臣。

崇宁元年（1102），新旧党争兴起。吕好问作为元祐子孙遭到贬职。因为吕公著等旧党在元祐年间执政，所以他们被称为元祐党人，而他们的子孙也就被称为元祐子孙。几年的时间里，吕好问两次监管东岳庙，成了边缘官员。大观二年（1108），事情有了转机，朝廷决定放宽对元祐子孙的压制，吕好问被任命为真州舂料船场官。真州，原为淮南路建安军，大中祥符六年（1013），宋真宗下令在建安军铸造先祖金像，金像铸成后，因仪容逼真，宋真宗赐建安军为仪真，并升建安军为真州，治所在白沙镇（今江苏仪征真州镇）。后来，刘宰曾作诗“仪真来往几经秋，风物淮南第一州”，说的就是真州。

大观四年（1110），吕好问被任命为扬州仪曹事。但扬州仪曹事只是一个小官，吕好问办公的廨（xiè）舍非常简陋。廨舍里没有几案，吕好问就用竹子做了一个简易几案，这样书册就有放置的地方了。廨舍里的器皿不全，但是吕好问并不在乎，他的节俭和简朴让人完全看不出他是宰相之后。

吕好问担任扬州仪曹事时，扬州知州是蔡卞。蔡卞是蔡京之弟、王安石之婿，他当时非常想亲近贤德人士，于是对吕好问特别好。然而，吕好问是一个有原则的人，他不会为了富贵去攀附任何人。所以，对于蔡卞的示好，吕好问只是以礼相待，蔡卞对他也无可奈何。

不久，在宰相蔡京的提携下，蔡卞被提升为知枢密院事。俗话说："一人得道，鸡犬升天。"在蔡卞的关照下，他的大部分部下都得到了提拔，唯独吕好问官居原职。蔡卞暗示吕好问说："只要你稍微亲近我，立刻就能升官。"吕好问笑笑，一句话也没有说。

二、讲求备战

政和五年（1115），吕希哲的夫人张氏去世。第二年，吕希哲去世。作为长子，吕好问先后为父母丁忧。此后十余年，吕好问一直寓居在乡下，没有做官。宣和七年（1125），金军大举南侵。同年十二月，宋徽宗传位于儿子赵桓，自己当起了太上皇，赵桓就是宋钦宗。

靖康元年（1126）正月，金军抵达东京城下，第一次东京保卫战打响。在李纲等名将的抵抗下，金军吃了几次败仗。同年二月，孤军深入的金军被迫北撤。金军北撤后，在别人的推荐下，吕好问被任命为左司谏、谏议大夫，后来又被提拔为御史中丞。

宋钦宗对吕好问说："爱卿是元祐宰相吕公著的嫡孙，元祐党争让你们吕家遭难，也伤了天下人的心。朕特意提拔你，目的就是解除党禁，团结抗金。”其实，徽宗早在禅位时，就曾下诏解除党禁，恢复旧法。但是，当时蔡京的朋党还分布在朝廷内外，极力阻止新法的废除，所以那份诏书并没有实行。如今，钦宗登基，蔡京的朋党不敢擅自作乱了。

吕好问趁机上疏说：“当今的利害、政治的得失，太上皇已经在传位诏书中说得很清楚了。无论让多么忠直的士人来上疏，都超不过这些内容，但愿我们能够对这些事情一一落实。”吕好问又说：“陛下勤于政事、日理万机，有治理好国家的心愿和政令。然而，如今陛下已经即位半年多了，治理的效果却很有限。主要原因是陛下的政令下达了，但身边人却不能推行，而陛下对他们又比较温和。臣担心陛下淳厚的恩德，会变成衰敝的风俗，况且陛下现在还不能全部革除奸臣蔡京、童贯等人的弊政，那么太平之日是不可能达到的。”钦宗觉得吕好问说得很有道理，于是就采纳了他的建议。

紧接着，吕好问再次陈奏蔡京的罪行，他建议把蔡京贬到岭南，罢黜蔡京集团的首恶以警诫其他人。同时，他又建议削免王安石的舒王爵位，端正神宗的配享，褒扬江公望、张庭坚、任伯雨、龚夬（guài）等人，废除青苗之法，为元符年间因上书获罪的人洗冤，等等，吕好问献给钦宗的上疏前后有十几次。吕好问每次上疏，钦宗即使将要进膳，也总是先听他把话说完，由此可见钦宗对吕好问的倚重。

金军撤退以后，宋朝大臣们不再有忧虑，军备越来越松懈。吕好问上疏说：“金人如果知道我们的军备如此松懈，一定会更加轻视我们，等到秋冬之时，必然会举国再来。所以，抗金一定要提前做好防备。如今，臣僚们天天在这里耍嘴皮子，防备工事一点也不开展，倘若金兵迅速南下，我们的大宋江山如何保得住呢？”这年秋天，金兵果然犯边，因为防备不足，北宋朝廷只好遣使去讲和。金军阴险狡诈，一面假装同意讲和，一面照常进攻。因为防备空虚和讲和的缘故，北宋各位将领都紧闭城门，不敢随便出来应战。吕好问对时局看得很明白，他再次上疏说：“金人是草原上的蛮夷，他们早就有吞并我大宋的狼子野心，与金人讲和这条路是行不通的。陛下应该召集沧州、滑州、邢州、相州等地的军队到汴京勤王救驾，如此才能阻止金军的进攻。”但是，吕好问的奏疏并没有得到朝廷的回应。金军步步推进，一场灾难即将到来。

三、保全宗庙

靖康元年（1126）十一月，金军再次抵达东京开封城下。

在开封被围之际，宋钦宗意识到吕好问的奏言是正确的。本着亡羊补牢的心理，宋钦宗决定提拔吕好问为兵部尚书，期望他能为扭转时局立下新功。为了能及时参与决策，吕好问、孙傅、梅执礼等大臣被允许搬进皇宫，日夜守候在钦宗周围。此时，钦宗周围的大臣大部分都逃跑了，留下的只有吕好问等屈指可数的几个。有一天，被围在汴京城内的几万军民人心躁动，纷纷聚集在皇宫门口，要求面见天子。面对内忧外患，宋钦宗焦头烂额，不知如何是好，朝廷内部形成了两种意见。一方面，吕好问请求陪同钦宗登上宫楼，晓谕军民散去；另一方面，卫士长蒋宣对奸臣误国牢骚满腹，并企图护送钦宗突围。吕好问晓谕蒋宣说：“卫士长不顾个人安危，打算保驾突围，这是忠义之举。但是，卫士长，你光想着突围，保驾措施都准备好了吗？天子的安危可不是儿戏啊！”蒋宣心悦诚服，说：

“吕尚书真懂得军情啊，我一时被眼下的局势冲昏了头脑。”说罢，蒋宣放弃了突围的打算，吕好问随侍宋钦宗登上城楼，晓谕军民。

开封被包围以后，金军驻扎在开封城南的青城。在金人的要求下，钦宗两次被迫赶赴金营。第二次到金营时，吕好问扈从，然而金人扣留了钦宗，并派遣吕好问回城安抚百姓。不久，靖康之变发生，金人立张邦昌为伪楚皇帝，并任命吕好问为事务官。张邦昌入居尚书省，吕好问说：“张相公，您是要自立为帝呢？还是要搪塞金人呢？”张邦昌说：“吕舜徒，你说这话是什么意思啊？”吕好问回答说：“张相公，难道您不了解中原的人心所向吗？碍于金兵的威势，中原人不敢不同意让您执政。一旦金兵撤走，还有您的位置吗？如今，大元帅（指康王赵构）在外，元祐太后（指宋哲宗的第一位皇后孟氏）在内，这大概就是天意吧！张相公为什么不能尽快交还政权呢？只有这样才能转祸为福。况且宫中不是臣子居住的地方，您应该住在宫外的偏殿，也不要叫卫士来护驾。金人赠给您的袍带，只要金人不在，就不要穿着。在两位皇帝（宋徽宗、宋钦宗）没有回宫之前，您所发布的文书，也不要称为‘圣旨’。”张邦昌觉得吕好问说得有道理，于是就任命他到门下省任职。吕好问虽然去了门下省，但仍然担任宋朝的旧职。按照惯例，改朝换代的同时要更换年号。面对复杂的政局，张邦昌没有改元，但官府的文书已经去掉宋钦宗的年号，唯独吕好问的文书仍然署上“靖康二年”。吕好问对宋朝的忠诚可见一斑。

靖康之变发生时，康王赵构正在外地，此时金军想追杀康王，吕好问听到消息后马上派人送信给康王：“康王殿下，如今大宋江山危在旦夕，希望殿下审时度势，当战则战，不能战就躲。”又说：“殿下，如今宋室宗亲只有您逃出生天，如果您不能登基为帝，恐怕会有别人自立，希望殿下早做打算啊！”不久，吕好问又对张邦昌说：“无论是天命还是人心，都归于大元帅康王殿下。张相公如果能首先派人去拥戴，那么论功就没有人能超过您了；如果贪图帝位，无视康王的存在，那么各地的勤王部队就要讨伐您了。”张邦昌懂得其中的利害，他打算等金人撤退后把传国宝器送到大元帅府。

不久，金人决定北归，他们打算留下一部分金兵保卫张邦昌。吕好问说：“俗话说：‘十里不同风，百里不同俗。’金国和中原路途遥远，风俗各异，恐怕金兵不能适应这里的环境，双方也不一定能维持和平的局面啊！”金人说：“那么，留下一位勃堇来管理还是可以的。”在金国，勃堇是对重要领导的称谓。吕好问说：“按理说，留下一位勃堇是有必要的，但是，勃堇是来自贵国的上宾，一旦不幸在这里得了疾病，那么我们可承担不起罪责啊。”最后，金人决定不再驻扎军队，也不留下勃堇。

金人离开后，吕好问不敢耽搁，他马上派人到大元帅府，劝康王殿下登基称帝，又请出元祐孟太后垂帘听政，张邦昌也退位称臣。这年五月，康王赵构在应天府称帝，是为宋高宗。不久，吕好问奉元祐太后之命来到应天，高宗对吕好问说：“大宋的宗庙能够保全下来，有赖爱卿的功劳啊！”说罢，高宗任命吕好问为尚书右丞。这是高宗对吕好问忠君爱国的肯定，也是吕好问凭借个人能力获得的回报。

四、南杨北吕

在长期的发展过程中，东莱吕氏形成了勤奋好学的家风。据史料记载，吕好问从小就“委己于学，髫嬉童习，不屏而绝”。当时，吕好问的祖父吕公著和北宋史学家范镇交往密切。有一天，吕公著在厅堂会见范镇，他让自己的长孙吕好问向范镇请安，小好问在拜见范镇时神态动作完全符合礼仪，范镇与吕好问交谈很久，俨然把他当作成人看待。吴安诗，字传正，曾经担任直集贤院兼侍讲、天章阁侍讲等职。他为人孤高、正直，从来不随波逐流，对人也很少赞扬。然而，吴安诗每次见到吕好问都有一种与众不同的感觉，他常常感叹说：“东莱吕氏家族后继有人了！”

随着年龄的增长，吕好问的学问更加精进、德行更加彰显，许多学行修明的学者都和他成为忘年交。据《童蒙训》记载，吕好问交游的对象有李潜、田述古、田腴、吴师仁、陈正、田昼、陈瓘（guàn）、张庭坚、龚夬及龚夬的弟弟龚大壮等。在这些交游对象中，李潜和田述古是吕好问和他弟弟吕切问的老师，这两位对吕好问兄弟的影响很深。

李潜，字君行，虔州人，年轻时跟随安退处士刘师正学习《春秋》。刘师正曾经对李潜说过：“当今做学问的人，并不是真正地做学问。研究学问却不提高自己的修养，那叫做学问吗？”听到这句话后，李潜若有省悟，从此成为一个笃行自守的人。李潜治学，专以经书、《论语》、《孟子》为正，除此之外，他对其他书都信不过。李潜曾经说过：“学者要把经书、《论语》、《孟子》当作秤，用这杆秤来称量其他学说，其轻重相等的是正统思想，不相等的就不是正统思想。”李潜继承了老师刘师正的思想，治学以行己为本，同时他的学说简单明了。吕好问长期和他交游，在潜移默化中受到他的影响。后来，吕好问评价李潜说：“当今人们所做的过格之事，李丈从来没有做过。”

田述古，字明之，本是安丘（今属山东潍坊）人，后来迁居到西京洛阳。他是一位儒者，先后拜在胡瑗、邵雍、司马光、程颢、程颐座下。田述古和李潜非常友善，他们的思想也很相似。在治学过程中，田述古专门研究《周易》《中庸》《论语》《孟子》等经书，偶尔研究《老子》和《杨子》，而对于其他子书和史书，田述古都不太关心。田述古这种不名一师的从师经历和东莱吕氏的家风很像。然而，对于田述古这种专读经书，不读子史的治学方式，东莱吕氏家族却持有保留态度。东莱吕氏主张以儒为本，但不主一门，这种治学思想既具有广博性，又具有深入性，有利于文化的交流和融合。田腴是田述古的侄子，他认为叔父的治学方式也有一定的封闭性。因为《孟子》说过："博学而详说之，将以反说约也。"意思是，广博地学习，详尽地解说，目的在于融会贯通后归于简约。如果不能遍览群书，还怎么能做到博学和详说呢？所以，在这一点上，东莱吕氏和田腴的思想是比较一致的。

宋徽宗即位后，以蔡京为代表的权臣兴起了崇宁党祸，吕希哲、吕好问父子作为元祐子孙遭到贬谪。大观四年（1110），吕好问就任扬州仪曹事，吕希哲随儿子到扬州。扬州，地处南北要冲，是人们南下北上的必经之路。贤士大夫在路过扬州时往往要去拜访吕氏父子，例如程颐的弟子杨时（字中立）、司马光的私淑弟子陈瓘都曾到过扬州吕氏父子的住处。吕好问和他们彻夜长谈，所谈都是经世大略。宣和（1119—1125）末年，很多大儒都已经去世，唯独杨时和吕好问还安然无恙，他们两位分别成为南方和北方儒林的代表，许多儒者也纷纷以杨、吕并称，于是就有了"南有杨中立，北有吕舜徒"这句流行语。大概天下儒士都把道学的传承寄托在杨时、吕好问身上。最后，这两位大儒也没有辜负儒林的重托。靖康之变后，吕好问、吕本中父子把中原文献传播到南方，吕本中的侄孙吕祖谦创立了“婺学”。与此同时，杨时把“二程”的“洛学”传播到福建，杨时有弟子罗从彦，罗从彦传李侗，李侗传朱熹，朱熹创立“闽学”。吕祖谦、朱熹与另一位湖湘学派的代表人物张栻并称为“东南三贤”。

第三章

中书舍人，东莱先生：八世吕本中

吕本中（1084—1145），初名大中，字居仁，吕好问之子，是两宋之交著名的诗人和学者，世称东莱先生。因侄孙吕祖谦也被称为东莱先生，为示区别，吕本中被人称为大东莱先生，吕祖谦则为小东莱先生。此外，吕本中曾任中书舍人一职，所以又被称为吕舍人。古人认为中书省与天上的紫微垣相对应，因此中书省又被称为紫微省，中书舍人即为紫微舍人，故吕本中又称吕紫微，吕本中的《紫微杂说》《紫微杂记》《紫微诗话》等著作名称即源于此。另外，吕祖谦曾在一篇文章中称吕本中为西垣公，这其实也与中书舍人一职有关。唐宋时，中书省设于皇宫西掖，故名西垣，所以后人尊称吕本中为西垣公。

吕本中的一生可以用四个字来概括，那就是颠沛流离。吕本中生于两宋之交，一生经历了两大政治磨难，第一是元祐党禁，第二是靖康之变，这两大政治磨难导致了吕本中颠沛流离的一生。吕本中是吕公著的曾孙，吕公著位列“元祐党籍碑”第三名，可谓“罪大恶极”。作为元祐子孙，吕本中早年随侍祖父吕希哲废居和州（今安徽马鞍山和县）、宿州（治今属安徽宿州埇桥区）等地，前后长达十余载。靖康二年（1127），金兵攻陷北宋都城汴京，掳走徽、钦二宗，是为靖康之变。靖康之变后，吕本中随侍父亲吕好问离开汴京，开始了长达十多年的逃难生涯。绍兴六年（1136），吕本中被南宋朝廷特赐进士出身，绍兴八年（1138）迁中书舍人，然而由于秦桧等人的诬陷，吕本中被贬离朝。绍兴十五年（1145），贫病交加的吕本中卒于信州（治所在今江西上饶），结束了颠沛流离的一生，赐谥文清。《谥法》曰：“勤学好问曰文；博闻多见曰文；忠信接礼曰文。”“避远不义曰清；洁己自爱曰清；洁己奉法曰清。”吕本中以博学多才立言，以忠信礼义立德，立德、立功、立言“三不朽”可谓得其二矣！

第一节　随侍父祖，学无常师

元丰七年（1084），吕本中生于北宋都城开封。开封，又作东京、汴梁，自吕蒙正、吕夷简在开封为官，东莱吕氏家族便迁居开封，到吕本中出生时已经一百年了。吕本中在吕氏家族中排行第十一，故人称吕十一。若单从吕公著一脉来论，吕本中在中字辈中排行第一。吕公著有三子，即希哲、希绩、希纯，希哲居长。吕希哲有三子，即好问、疑问、切问，好问居长。吕好问有五子，即本中、揆中、弸中、用中、忱中，本中居长。故吕本中是吕公著一脉的冢子冢孙，也就是嫡长子长孙，由此可以看出吕本中在吕氏家族当中的位置。另外，值得一提的是，吕好问五子的字别有用意。本中字居仁，揆中字由义，弸中字隆礼（又字仁武），用中字敦智，忱中字伟信，五子相连即仁、义、礼、智、信，是为儒家“五常”。吕氏家族倡导儒家文化，可见一斑。

一、宣仁厚望

吕本中的父亲是吕好问，母亲是王氏，王氏曾祖王子融在大中祥符（1008—1016）年间进士及第，后来他为了管理好王家挑选了各大家族中好的家法来教育子孙，王子融的哥哥王曾拜中书门下平章事，封沂国公。想当年，王曾与吕好问的曾祖吕夷简同事宋仁宗，身为参知政事的吕夷简对王曾异常恭敬，王曾也力荐吕夷简担任宰相。多年后，王曾的曾孙女王氏与吕夷简的曾孙吕好问结为连理，基因的“强强联合”为吕本中的成才奠定了良好基础。王氏出身名门之后，从小就有美善的品质，过门后对公婆尽心侍奉，从不违礼，年幼的吕本中看在眼里，记在心上。

从元祐元年（1086）四月起，吕公著在宰相位置上待了三年。他白天在朝堂忙于公务，到了晚上则回到汴京府第享受起儿孙绕膝的天伦之乐。在诸多曾孙辈中，吕公著尤其喜欢吕本中。此时的吕本中，身高不及桌椅，年龄不过四五岁，但是论聪明敏悟的程度却在吕氏子孙中鹤立鸡群、脱颖而出。吕公著每每见到这个小曾孙，就不由自主地将其揽在怀里，并对身边的家人说：“本中真是我们吕家的好儿孙啊！”

元祐四年（1089）二月，七十二岁的吕公著驾鹤西行。宣仁太后在接见辅佐大臣时不无痛惘地说：“这真是国家不幸啊，司马光已死，吕公著又逝，他们两位都是大宋的股肱之臣啊！”时年十三岁的宋哲宗也非常悲痛感伤。次日，宣仁太后和宋哲宗亲临吕家祭奠吕公著亡灵。此时，诸多吕氏子孙侍立在庭院两旁，与吕本中年龄相仿的幼童们也在其中。宣仁太后曾经听吕公著谈起过自己的小曾孙吕本中，所以她唯独让年仅六岁的吕

吕本中

本中进见。宣仁太后抚摸着吕本中的头说：“孝于亲，忠于君，孩儿要以此自勉啊！”“孝于亲，忠于君”既是对吕公著的盖棺论定，又是对吕氏子孙的期许和厚望，而宣仁太后唯独召见吕本中一人，由此可以看出幼年吕本中的聪颖和招人喜爱。

吕公著去世后，家人将吕公著临终前所撰的遗表上报给朝廷。按照规定，朝廷给予去世官员家族遗表恩泽，准许补荫若干人。所以，六岁的吕本中因为曾祖的遗表被朝廷恩授承务郎。承务郎是文散官的一种，位列二十九阶之第二十五阶，属于从八品下。散官分为文散官和武散官，有官名无职事，用以规定官员地位、俸禄等待遇。吕本中因为曾祖之荫，恩授承务郎，年仅六岁位列从八品下，这是吕家莫大的光荣。

吕本中从两岁到十岁处于元祐时期，此时旧党执政，吕本中作为元祐子孙接受了良好的教育。吕本中与家中蒙童一起，受教于吕氏家塾。吕本中的祖父吕希哲曾作有《吕氏家塾记》一卷，该书记载了吕氏家塾教学的基本内容。吕氏家塾不仅教授蒙学读物、“四书”、“五经”，而且非常重视家族人物的榜样作用。吕氏家塾以家族人物及其师友的高尚事迹为教学内容，通过言传身教影响着一代又一代吕家人，而这在传承中就形成了吕氏家风。

二、随侍父祖

元祐八年（1093）九月，宋神宗母亲、宋哲宗祖母宣仁太后高滔滔病逝，宋哲宗亲政。次年四月癸丑，宋哲宗以绍述（继承）神宗成法为名，改年号为绍圣。所以1094年四月癸丑日之前是元祐九年，而从这天开始便进入绍圣元年。宋哲宗亲政后任用新党章惇为宰相，并将曾经被贬黜的支持变法的元丰党人陆续召回朝廷。绍圣元年（1094）七月，去世五年的旧党吕公著被夺官、追贬，朝廷削夺了吕公著的赠号太师、申国公，谥号正献，题名为“纯诚厚德”的赐碑也被推倒损毁。

绍圣四年（1097），朝廷对元祐党人的追贬进一步升级。这年二月，去世八年的吕公著被追贬为建武军节度副使。建武军是唐朝开始设立的方镇，治所在邕州（今广西南宁南郁江南岸）。节度副使是宋代安置犯人的散官，分为十等，即节度副使、节度行军司马、防御副使、团练副使（以上从八品），州别驾、长史、司马（以上正九品），州司士、文学、助教（以上从九品）。吕公著从从一品的太师降到从八品的节度副使，其追贬程度不可谓不重。

与此同时，吕公著的三个儿子也遭到贬谪。根据诏令《吕希哲吕希纯吕希绩分司居住制》，吕希哲分司南京，和州居住；吕希纯分司南京，金州（今陕西安康）居住；吕希绩先被贬到光州（今河南信阳潢川），后被贬到随州（今湖北随州）。分司居住是北宋对黜降官员的一种惩罚措施，北宋实行四京制，除东京开封府外，西京河南府、南京应天府、北京大名府均设有御史台、国子监等分司机构，这些机构权轻事闲，正好安置被贬职的官员。然而，有时候分司其他三京实际上是名义上的，比如吕希哲分司南京，和州居住，其实和州才是他真正要去的贬所。

（一）贬居和州

就在吕希哲三兄弟被贬的同时，作为元祐子孙的吕本中也被夺去承务郎一职。吕本中随侍祖父吕希哲、父亲吕好问离开都城，来到了贬所和州（古称历阳，在宋代隶属淮南西路）。早在熙宁七年（1074），宋神宗将全国划分为二十三路，淮南西路即为其一。吕希哲被贬和州，并没什么公务可做，为了绍续家风，便每日与子孙讲诵，遇到节日才休息。

吕希哲不放弃教育子孙的每一个机会，甚至到了晚上也令子孙陪侍。吕本中作为长孙备受祖父的关注，他每天晚上陪伴祖父吕希哲和祖母张夫人。这时，吕希哲趁机与孙儿吕本中讨论儒家学问和佛家出世法，直到二更才结束。吕本中的品行和才学在祖父的熏陶下得到一步步提升。

有一天，吕本中向祖父请教了一个礼仪问题。“祖父，兄弟之间的生日有的相差几天，有的相差十几天到一个月，我发现他们的尊卑之礼就很弱了。但是圣人遇到这种情况，却依然能分别长幼，这是为什么呢？”吕希哲说：“何止圣人能遵守先后之序啊，就是天之四时每时每刻都有次序，这是自然物理，不能更改啊！”吕希哲历来重视长幼之序，他常常用《孟子》“父子有亲、君臣有义、夫妇有别、长幼有序、朋友有信”的“五伦”思想教诲子孙，为子孙后代奠定修身处世的根基。

后来，吕希哲的学生不仅有吕氏子孙，还增加了吕家的亲戚及在和州居住的有志青年。杨克一，字道孚，在元符初年任和州法曹掾（yuàn），因此有幸跟随吕希哲学习。吕本中称其为吕氏重甥，也就是吕家外甥之子。杨克一是宋代进士杨仲元之孙，杨仲元娶了吕希哲叔祖、吕夷简二弟吕宗简的女儿，也就是吕希哲的从姑。所以，杨仲元之子是吕家的外甥，而杨克一是吕氏重甥。按照辈分，杨克一低吕希哲一辈，故尊吕希哲为师，而吕本中乃吕希哲之孙，所以吕本中称杨克一为杨丈道孚。在和州的这些日子，杨克一经常随从吕希哲出游，吕本中亦随侍。有一次，杨克一陪同吕希哲郊游，不巧随从呼唤杨克一回城处理公事，杨克一因不能继续陪同老师吕希哲而感到遗憾，并写了一首诗赠别吕希哲：

雨绿霜红郭外田，山浓水淡欲寒天。

参军抱病陪清赏，一檄呼归亦可怜。

吕希哲读罢这首诗，立即对杨克一竖起了大拇指，盛赞杨克一具有诗才，并叮嘱孙儿吕本中多向杨克一学习。吕本中没有辜负祖父的期望，在随后的岁月里保持了与杨丈道孚的交往。几年以后的崇宁初年，杨克一寄给吕本中几首绝句，其中一首这样写道：

东平佳公子，好学到此郎。

别去今几日，结交皆老苍。

西汉时期，东莱吕氏有居东平（今山东泰安东平）者，故东莱吕氏又称东平吕氏。本首诗的意思是：吕本中是东平吕氏家族的好公子，他德才俱佳、聪明好学。如今与他才分别几日，就听说他又结交了很多朋友，而且这些朋友都年长于他，他的成熟和才情得到了年长者的认可。这首诗体现了杨克一对青年才俊吕本中的由衷赞美和无限期许。

此外，非常巧合的是，杨克一的夫人陈氏也是吕氏重甥，吕本中称其为表姑。吕本中的这位陈氏表姑自幼诵读诗书，温文尔雅，颇有才华。吕本中与杨克一交往甚密，经常前往杨家，自然也多次向陈氏表姑请益。当时陈氏供奉着岳神一尊，岳神全称东岳泰山天齐仁圣大帝，为宋真宗所封，是五岳正神之首，传说主宰人之生死，为百鬼之主帅，因此在民间深得百姓信仰。陈氏供奉的岳神身着帝王的冠冕，一年四季接受陈氏的祭拜。当时吕本中才十五六岁，但他认为这样供奉岳神是不符合礼仪的。陈氏问吕本中："侄儿，你说说我哪里不符合礼仪呢？"吕本中非常严肃地说："《礼记·王制》上说：'天子祭天下名山大川，五岳视三公，四渎视诸侯。'意思是说，天子祭祀天下山川应该坚持如下原则，即对泰、衡、嵩、华、恒'五岳'的祭祀如同祭祀三公一样，对江、淮、河、济'四渎'的祭祀如同祭祀诸侯一样，如今用祭祀皇帝的礼仪祭祀岳神，给岳神穿上帝王的冠冕，这难道不是僭用天子礼仪吗？"陈氏表姑听到这里，深为吕本中的言论所折服。

（二）返回京师

元符三年（1100）正月，宋哲宗驾崩，宋徽宗即位，向太后垂帘听政。向太后是神宗时期的皇后，但在政治上倾向元祐旧党，所以向太后听政时期号称小元祐。宋徽宗刚刚即位，在向太后的垂帘下颁布诏书，大赦天下。诏书上说："已经贬官的酌情予以升官，被贬在外者允许其迁到距京城较近的地区，已经迁回来的量才叙用，已经叙用的为其更换更好的位置，已经革去散官的为其追复。"诏书即下，司马光、吕公著等三十三人的名誉称号被相继恢复，吕本中的散官承务郎也被赦复。

是年，吕希哲起知单（shàn）州，吕本中随侍。单州，治单父（今山东单县单城），隶属京东西路，西邻南京应天府，与和州相比，大大缩短了与京师汴京的距离。吕希哲从和州到单州，中途经过山阳县（今江苏淮安淮安区），在路过一座桥的时候，大桥发生了垮塌，吕希哲连人带车坠入河中。万幸的是，吕希哲虽然落水，但并没有受伤。当时，北宋教官、山阳人徐积先生快七十岁了，听说了吕希哲的遭遇后，给吕希哲写了一首《我敬诗》：

我敬吕公，以其德齿。敬之爱之，何时已已。

美哉吕公，文在其中。见乎外者，古人之风。

惟贤有德，神相其祉。何以祝公？勿药有喜。

在这首诗的后面，徐积做了一个批注："前日之事，桥梁腐败，人乘蹉跌，而公晏然无伤，固有神明阴相其德。愿为本朝自重，生民自重。"徐积说吕希哲德行很高，桥坏堕水却没有受伤，因为有神明敬重他的德行，故出手搭救，希望吕希哲珍爱生命，为本朝和生民贡献更多的力量。

元符三年七月，就在吕希哲、吕本中祖孙在单州的时候，向太后撤帘，还政于宋徽宗。同年十一月，宋徽宗意欲调和新旧党争，宣布次年改元建中靖国，这个年号的意思就是采用中庸之道来安定国家。

建中靖国元年（1101）正月，向太后病逝。这年秋天，吕希哲被任命为秘书少监，有人认为这个官职对吕希哲太高，所以他随即被贬为光禄少卿。秘书少监是秘书省的副职，掌管古今图籍、国史实录、天文历法等，为从五品。光禄少卿是光禄寺的副职，掌管祭祀、朝会、宴饮等事，为正六品。所以，吕希哲从秘书少监到光禄少卿被降了一级。秘书省和光禄寺都在京师，这年秋天吕希哲携全家回到了京师。

回到京师后，吕本中始与吕钦问聚学，吕希哲对这两位后生给予了很高的期望。吕钦问，字知止，是吕希哲二弟吕希绩的儿子，吕本中称其为从叔。吕钦问能作诗，吕本中亦好诗，二人经常在一起切磋诗艺，彼此增进不少。多年后，吕本中依然记得从叔吕钦问一首题为《初凉》的诗，该诗写道：

西风吹木叶，庭户乍凉时。

夜有愁人叹，寒先病骨知。

这首悲秋诗是吕钦问少年时所作，诗中感叹秋风乍起，树叶飘落，天气转寒，病人最先感知而发出忧愁的叹息。吕本中非常喜欢这首诗，认为年少就能写出这样诗的人不多。

建中靖国元年十一月，宋徽宗决定采用曾布等人的绍述父兄（继承神宗、哲宗）之说，放弃调和，宣布次年改元崇宁，以示崇奉熙宁、元丰新法。就在这时，吕希哲力请到外地为官，朝廷派其出守曹州，吕本中随侍。曹州（今山东菏泽），又称曹南，因古曹国南鄙之山曰曹南山，故名。曹州与单州一样，同属京东西路，治所在济阴县（今山东菏泽定陶区）。这年冬天，吕本中陪同吕希哲来到曹州，路上北风呼啸，寒气逼人，祖孙累累若丧家之犬。

崇宁元年（1102），吕希哲的三弟吕希纯自瀛洲改知颍州，路过曹南，顺路来看望大哥。此时，吕希哲正在州学视学，因此兄弟俩就在州学里见面了。吕希哲陪同吕希纯游览了州学，吕本中随侍。来到一间学舍，吕希纯发现学舍诸生正在作诗，吕希纯诗兴大发，随即作了一首和诗：

骐骥方腾踏，蚊虻敢扑缘。

明年小期集，请看十庐鞭。

这首诗说千里马刚刚飞黄腾达，那些蚊蝇就附着在千里马身上，明年是科举考试的年份，等士子们考中进士，到期集院参加集会，一定要用鞭子狠狠地抽打这些蚊蝇们。吕希纯一来借该诗勉励学舍的诸生，二来把自己和哥哥比喻成千里马，而把新党人士比作蚊蝇，千里马是终将要战胜蚊蝇的！

然而，事实并没有吕希纯想象得那样好。崇宁元年三月，元祐旧党的政治生态逐渐恶化，元丰新党罗列了五十多人的旧党名单，并令三省做好标记，以后这五十多人不得在京城为官。同年五月，去世的司马光、吕公著等元祐老臣再度被贬。六月四日，作为元祐子孙的吕希哲被夺职，知相州。七天后，吕希哲又由相州知州改为邢州知州。相州、邢州均属河北西路，但相州在今河南安阳、河北临漳一带，邢州即今天的邢台，所以与相州相比，邢州更加远离北宋都城。

此时的吕本中已经十九岁，作为元祐子孙，他已经无缘科举。他唯一能做的就是追随祖父，同吕氏家族共存亡。经过一个月的奔波，吕希哲祖孙来到了邢州。吕希哲除了有三个儿子，还有两个女儿：长女嫁赵演，封华阳君；次女嫁蔡惇，封清源君。吕本中称两位为伯姑华阳君、仲姑清源君。这年夏天，吕本中的伯姑华阳君到邢州省视父亲吕希哲，与其随行的是她的儿子、吕本中的外弟赵楠（nán）。赵楠，字才仲，当时不足十八岁，但是在作文写诗上已经小有名气。曾肇曾经向吕希哲说："您的外孙赵楠是位文学之士，他写的古文有唐朝柳子厚的风采。"将十几岁的赵楠类比为"唐宋八大家"之一的柳宗元，由此可以想见赵楠的文采。吕本中非常欣赏这位外弟，他们二人以文会友，以友辅仁，互相激发，彼此友善。

除了与伯姑华阳君之子相友善，吕本中与仲姑清源君之子也有密切往来。清源君夫君蔡惇，字元道，东莱人，东莱正是吕本中家族的祖籍和堂号。蔡惇官至从三品龙图阁直学士，著有《祖宗官制旧典》一书。蔡惇长子蔡兴宗，字伯世，清源君常常令其跟随有德行、有学问的士大夫交游，这一点继承了东莱吕氏家族不名一师的良好家风。有一次，清源君带领蔡兴宗省亲，清源君对吕本中说："人人都说你德才兼备，就令宗儿用尊师之礼来侍奉你吧。"吕本中说："仲姑，我和兴宗是一辈人，这可使不得啊！"清源君说："'闻道有先后，术业有专攻'，你比宗儿年长，懂的道理又多，平时就多带着宗儿向善吧。"吕本中心想："用尊师之礼来侍奉我虽说太过，可是单论让她的儿子向善这一条就足以让世人效法了。"于是，吕本中就答应了仲姑的请求。

（三）废居宿州

崇宁元年（1102）七月，后来被称为六贼之首的奸臣蔡京升任右相，蔡京把自己标榜成王安石改革事业的“继承人”，打击元祐旧党和排除异己成为他的主要活动之一。同年八月，作为元祐子孙的吕希哲被罢职，离开了邢州知州这个职位。吕希哲在这个职位上才待了仅仅两个多月的时间。被罢职后，吕希哲又被朝廷任命为建州武夷山冲佑观祠禄官，居宿州。按照宋朝的人事制度，对于年老体衰、不能任事但又不必退休的官员，政府可以任命他们为祠禄官，不理政事而予俸禄。祠禄官的俸禄比正常官员要低，相当于正常官员的百分之八十。祠禄官是一个闲差，不必到职位所在地任职，获任祠禄官意味着这个人在政治上已经“靠边站”了。

崇宁元年九月，为了杜绝政局的反复，蔡京对元祐党人和政敌进行了新一轮的打击。他上奏宋徽宗，在全国各州县建立起“元祐党籍碑”，直到崇宁三年（1104）六月，“元祐党籍碑”上的官员达到三百零九人，吕公著、吕希纯、吕希哲、吕希绩等父子四人赫然在列。因为这场党争发生在崇宁年间，所以后人称之为崇宁党禁。

受崇宁党禁的影响，吕本中的父亲吕好问也遭到贬谪，朝廷也任命他为祠禄官，监东岳庙，居宿州。这样，吕本中随侍祖父吕希哲、父亲吕好问来到宿州。吕氏三代在宿州居住了七个年头。

七年来，吕本中随祖父问学，吕氏家族的亲戚及当时的青年才俊也到吕家寓所请教，在当地形成了一个专心向学的小团体。首先登场的是吕希哲的长婿赵演和外弟杨瑰宝。赵演，字仲长，是吕本中的大姑父，常常从汝阴（今安徽阜阳）来看望吕希哲。杨瑰宝，字器之，是上文提到的杨仲元的儿子、杨克一的父辈，也是吕氏家族的外甥、吕希哲的外弟。杨瑰宝兄弟四人，老大杨国宝字应之，老二杨贤宝字补之，老三即杨瑰宝，老四杨仁宝字择之。四人当中，杨国宝、杨瑰宝最为崇尚气节，并以此闻名于世。早年间，杨国宝师从程颐学做圣人，程颐和师兄弟们对杨国宝极为推重。杨瑰宝学识渊博，记忆力强，是众人学习的榜样。就是杨贤宝、杨仁宝也能做到循循自守。兄弟四人平生安贫乐道，从不向人屈服。在元丰年间（1078—1085），杨氏兄弟四人来到京师开封，寓居吕家旧第，因为贫穷，每天只做一盆米饭，盛一盆蔬菜，兄弟四人分而食之，甘之如饴，不求于人。正是因为有正气、肯吃苦，所以他们最终都能有所成就。崇宁党禁后，杨瑰宝因上书触怒皇帝，被降职到符离担任征收酒税的小官，因为公务并不繁忙，所以常到吕家请益。

杨瑰宝对待吕希哲像亲兄弟，赵演对待吕希哲像亲父亲。他们二人天天守候在吕希哲的身旁，有一次吕希哲生病了，赵演亲侍汤药，长时间地侍奉在床边，直到吕希哲叫他去休息他才离开。杨瑰宝生性慷慨，从不屈从于权贵，赵演跟吕希哲很像，谨厚笃实，时时效法古人，这两个人都是一时的英杰。吕本中作为晚辈，对姑父赵演和表爷爷杨瑰宝的言行极为称赞，并将其内化在自己的身上。

除了亲戚，有一批青年才俊也向吕希哲问学。当时汪革（1071—1110）是宿州州学教授；黎确刚刚登科，与妻子孙氏住在宿州岳父家，饶节（1065—1129）也客居孙家。汪革、黎确、饶节常常跟随吕希哲交游，三人年长吕本中十几岁，但与吕本中一见如故，相交甚笃。为了增进学问，在吕希哲的主持下，汪革、黎确、饶节等人和吕好问、吕本中、吕揆中等吕氏子孙形成了一个文人社团——符离诗社，他们定期集会，研习功课，学问不断精进。按照符离诗社的规定，他们每十天作杂文一篇、四六表启一篇、古律诗一篇，每个月的初十、二十和月末会举行会课，由吕希哲品评文章高低，文章劣等者罚钱二百。这种会课制度借鉴于当时的书院和州学，对学子起了很大的督促作用。会课的地点好比是水，先生吕希哲是大鱼，弟子们是小鱼，大鱼前导，小鱼尾随，这就是从游，“从游既久，其濡染观摩之效，自不求而至，不为而成”。

崇宁二年（1103），吕希哲已经六十五岁，因年老体衰经常生病。每当吕希哲的病稍微好一些，汪革等人就到吕家问安。这时，汪革等人常常能见到杨瑰宝、赵演。他们一起交游，堪称一时之盛事。赵演每次和吕希哲的子孙及宾客说话，或者写文章，都称吕希哲为公，杨瑰宝与别人说话，称吕希哲为内兄或侍讲，从不敢称吕希哲的字原明，赵演、杨瑰宝的事亲事长之道，可以为后世效法。吕氏家族注重礼法，从称谓这个细节上就能看得出来，吕本中在耳濡目染中获得此道。

除了礼仪的熏染，吕希哲特别注重反躬自省，他常说：“要多找自己的不足，多记别人和国家的好处。”饶节、黎确、汪革等人会课，每次都要作诗，他们作的诗当中有略微批评时政者。吕希哲看到这些诗后，对此特别不以为然。当时，吕希哲疾病方愈，他不顾虚弱的身体为弟子们写了《麦熟》《缫丝》等诗，这些诗以歌咏当世为主旨，为大家描绘了一个太平社会。饶节等人看到这些诗后非常惭愧，纷纷到吕希哲住处表明心迹，并又作了和诗，诗的主旨和《麦熟》等诗完全相同。后来，吕希哲召集大家说：“《论语》有言：‘攻其恶，无攻人之恶。’这句话的意思是君子要常常反省自己的不足。对于自己的不足要日夜检点，哪有工夫寻找别人的缺点呢？”吕希哲正是用自己的言行影响着饶节、黎确、汪革、吕本中、吕揆中等后辈们。

吕揆中，字由义，是吕本中的二弟。吕揆中为人正直，聪敏过人，吕希哲对其寄予了厚望。崇宁初年，吕希哲为孙儿揆中定了一门亲事，女方是北宋后期文学家赵鼎臣的长女，已经给女方下了聘礼。然而，就在崇宁二年的八九月间，吕揆中患了肝病，家人带他到单州，请名医张宗元医治。张宗元望闻问切之后，对家人说：“这位公子怎么得了这个病啊！这是虚劳之病，肝脏功能衰退，气血阴阳亏损。我建议给他定期做艾灸，无论做什么饭，在饭里给他掺一点人参，这样还可以支撑几个月。但即使这样，他的病最晚也过不了明年清明，请你们早做打算啊！”果如张名医所言，崇宁三年（1104）清明前几天，吕揆中的病情加重，数天之后，尚不及弱冠之年的吕揆中撒手人寰。

吕揆中病逝后，作为大哥的吕本中悲痛欲绝。有一天夜里，他万分想念自己的二弟，于是就拿出二弟的旧诗来读。读着读着，一颗颗豆大的泪珠沾湿了笺纸，吕本中涕泪交织，再也读不下去了。他流着泪，摊开纸，怀着悲愤之情写了一首题为《读亡弟由义旧诗有感》的长诗：

平昔乌衣游，盛事寄青史。后生见头角，唯子与夫子。
奈何阻中涂，去我适蒿里。三年暮春日，西郊漫桃李。
才难圣所叹，反是俗眼眯。坐看玉壶冰，终污青蝇矢。
衔愤已成疾，伤谗空忍死。雪涕别时言，历历犹在耳。
呜呼骨肉亲，遗恨有如此。吾生复亡聊，念尔中夜起。

读君离别篇，沉吟泪如水。

诗中说在崇宁三年的暮春时节，符离西郊的桃李花开得正烂漫，就在这时，吕揆中病逝了。此时吕揆中刚刚崭露头角，他的才情已得到不少人的肯定。然而，天妒英才，吕揆中还是走了。吕揆中是吕本中的同胞骨肉之亲，兄弟俩感情甚笃，无话不谈。如今，二弟揆中走了，吕本中在这个夜半时分，思念起自己的二弟，泪水沾湿了衣裳，也沾湿了亡弟曾经写诗的笺纸。

（四）徙居真州

在北宋末年，由于元祐党禁和崇宁党禁，吕氏家族遭受了重创。到了大观二年（1108），吕氏家族的命运出现了转机。这年三月，中书门下后省左右司发布公告说，检查今年正月一日赦书，现依照赦书内容对元祐党人进行甄别，情节较轻者准许其出籍。通过甄别，元祐党人有四十五人出籍，其中包括吕希哲、吕希绩等人。到了六月，吕希纯也出籍，吕公著被追复为右银青光禄大夫。

就在吕希哲出籍的同时，吕希哲的长子吕好问被任命为真州春料船场官。

吕好问到真州走马上任后，又到宿州迎接其父吕希哲到真州居住，吕本中作为长孙陪侍祖父前往真州。吕氏一家人出宿州，过泗州，沿运河南下，行至楚州（今江苏淮安），遇到汪革和洪炎。汪革在四五年前出任宿州教授，曾跟随吕希哲问学，是吕希哲的得意门生，并与吕本中结为莫逆之交。后来，奸臣蔡京想召汪革为宗正博士，汪革力辞不就。友人问其故，他说："我不想把自己的名字列入《奸臣传》中。"自《史记》以来，正史中就有编写《佞幸传》和《奸臣传》的传统，编入其中的人物就被钉在耻辱柱上，受到亿万人的唾骂。汪革不与奸臣为伍，是自己的秉性使然，当然也与先生吕希哲的教诲有关。后来，汪革被调到楚州担任州学教授，因此便有此次相遇。

洪炎，字玉父，南昌人，黄庭坚的外甥，与兄洪朋、洪刍（chú），弟洪羽都以诗才闻名，四人并称“豫章四洪”，豫章即南昌的古称。大观二年春天，洪炎迎接祖母文城君到他的任所颍州，中途经过楚州，与汪革、吕本中相遇。三人会饮于船中，觥筹交错，相谈甚欢。洪炎对汪革开玩笑道：“我是范祖禹知贡举时过的省试，可以无愧啦；而你是林希知贡举时做的省魁，应该在我面前感到惭愧吧，哈哈。”在宋代，科举考试分为发解试、省试、殿试三级，省试即礼部主持的礼部试，因礼部隶属尚书省，又称省试，通过省试的叫过省，省试第一名叫省元或省魁。洪炎虽然不是省试第一名，但主试官是操守持正的范祖禹，所以问心无愧，而汪革虽然是省试第一名，但主试官却是出尔反尔的林希，所以洪炎开玩笑说汪革要在自己面前惭愧。玩笑归玩笑，但我们也从这段对话中认识了品德高尚的范祖禹。这个范祖禹不是别人，正是吕公著的女婿、吕希哲的妹婿、吕本中的姑爷爷。吕本中参与了这场会饮，听到这句夸赞姑爷爷的话，内心充满了荣耀。

来到真州后，吕本中一面侍奉祖父和父亲，一面与众人交游，作诗为文的水平有了进一步提升。大观二年秋天，吕本中给远在外地的亲朋好友写了一首慰问诗：

故人瓶锡各西东，吾道从来冀北空。

病去渐于文字懒，南来犹觉岁时公。

江回夜雨千岩黑，霜着高林万叶红。

政好还家君未肯，莫教惭愧北窗风。

该诗题为《用寄璧上人韵寄范元实赵才仲及从叔知止兼率山伯同赋》。璧上人即饶节，崇宁初年，饶节在宿州师从吕本中的祖父吕希哲，与吕本中也情同手足。当时，政治生态非常恶劣，饶节决定远离仕途，出家为僧。吕希哲尊重饶节的决定，并推荐他到邓州见香严智月禅师，在禅师的点拨下，饶节悟道祝发，得法名如璧，吕本中尊称其为璧上人。该诗说“用寄璧上人韵”，可见吕本中先为璧上人寄了诗，然后再用同韵给范元实、赵才仲、吕知止写了本诗。

赵才仲，名楠，是吕本中的表弟，当时在郢州。吕知止，名钦问，是吕本中的从叔，当时在颍州为官。范元实，名温，是范祖禹之子，秦观之婿。范祖禹是吕本中的姑爷爷，所以范温是吕本中的表叔。其实，吕本中与这位表叔很早就有交往。崇宁年间，吕本中随侍祖父废居宿州符离，范温路过符离，特意到吕家拜访。范温非常欣赏表侄吕本中，并和吕本中就读书进行了深入探讨。离开符离后，范温给吕本中写了一封信，信上说：

吾辈今日事业，直须多读书，考古人成败，作文章以法前人，又不可自屈沉也。万事不废，随事观理，他日自须脱然度越诸子。近见先生讥人博学，而学者废书不观，反为害事。不然，只《论语》已自太多矣。

吕本中收到范温的书信后，受益匪浅，决定通过多读书来提升自己。大观二年秋天，就在吕本中给三人写慰问诗的时候，范温正在蜀地游历，尚未回到中原。吕本中认为表叔范温、从叔吕钦问、表弟赵楠三人都是奇士，只是许久没有收到三人的消息，所以写了一首诗来慰劳他们。诗的最后一句说："政好还家君未肯，莫教惭愧北窗风。""北窗风"化用的是东晋诗人陶渊明的典故。陶渊明不为五斗米折腰，当了八十多天彭泽县令，便解印辞官，归隐山园。归隐之后，陶渊明在农忙时与妻子躬耕南山，在闲暇时则与朋友饮酒作乐。他曾经说过："夏天虚闲的时候，我喜欢高卧在北屋的窗下，每当清风吹来之时，就感觉自己像伏羲氏以前的人，无忧无虑，闲适极了。"吕本中希望三位奇士在从政之余，要善于陶冶情操，不要辜负了北窗的清风。

（五）再徙扬州

大观四年（1110），吕好问被朝廷任命为扬州仪曹事。仪曹是州府六曹之一，大观二年，朝廷开始在各州设置士、户、仪、兵、刑、工六曹，与中央的吏、户、礼、兵、刑、工六部相对应，仪曹掌管地方礼仪之事。任职扬州后，吕好问将其父吕希哲接到扬州居住，吕本中随侍。

扬州地处大运河和长江的交汇处，号称南北通衢，许多人坐船上京师或者下江南，都要经过扬州。当时的贤士大夫路过扬州，一定要到吕家寓所拜访吕希哲、吕好问父子。例如，程门立雪的杨时、刚正不阿的陈瓘路过扬州时都到过吕家。两位名士与吕好问志趣相投，聊起天来彻夜不眠，即使到了该告辞的时候也没有感到满足，他们聊的都是治理国家的经世大略，吕本中常常在一旁随侍，父辈们聊的内容往往令他受益匪浅。

政和元年（1111），28岁的吕本中希望通过与人交游来提高自己的品行，于是他暂时告别了祖父和父亲，回到京师开封。这次回京师，是吕本中在建中靖国元年（1101）以后首次回京师，不知不觉间已经过去十年了。来到京师后，吕本中首先见到了阔别十年的从叔吕光问（1084—1131）。吕光问，字大有，与吕本中同岁，但吕光问是吕希哲二弟吕希绩之子、吕公著之孙，所以吕本中称其为从叔。见过从叔后，吕本中写了一首题为《京师赠大有叔》的诗：

尊酒相逢十载前，绿发红颜俱少年。

尊酒相逢十载后，皮黄肉皱俱白首。

叔如鸿鹄但高飞，侄似麇鼯（jūn wú）更深走。

南来行李初一逢，长安旧第冰雪中。

闭门不识故人面，豪气直欲轻元龙。

平生为道不为食，少小所期皆目击。

何时相就过江南，同访曾游旧泉石。

十年的时光很短，犹如白驹过隙，稍纵即逝；十年的时光又很长，叔侄俩再次见面，竟然产生了恍如隔世之感。十年前，同岁的叔侄俩刚刚十八岁，都是容光焕发的少年；十年后，因为遭遇数次党禁，二十八岁的叔侄俩皮肤已经褶皱，头发已经染霜。吕本中赞赏从叔立志高远，像鸿雁和天鹅一样展翅高飞，而作为侄子的自己却像獐子和鼯鼠一样遁入地下。如今，叔侄俩相遇在京师旧宅，有很多故人因为政治立场的原因已经不相来往了，但作为元祐子孙，身上的豪气绝对不能输给别人。《论语》有言："君子谋道不谋食。"真正的君子用心谋求大道而不是费心思谋求衣食，叔侄俩的志向就是如此，并一直朝着这个方向努力。最后，吕本中向从叔吕光问提出邀请，希望在从叔闲暇的时候，叔侄俩一同游览少年时曾经游过的地方。吕本中重视家族亲情，从他与从叔的交游可见一斑。

吕本中在京师时，除了与亲人交游，还与清丰晁氏进行了广泛的接触。晁氏家族在北宋声名显赫，曾经有过“兄弟五进士，父子两尚书”的辉煌历史。晁氏的辉煌起自谥号为文元的晁迥（jiǒng），晁迥诸子名连宗字，宗字生仲字，仲字生端字，端字生之字，之字生公字，公字生子字。晁、吕两家为世交，吕夷简曾经以长辈之礼侍奉晁迥，而晁迥的儿子晁宗悫（què）又以长辈之礼侍奉吕夷简。后来，晁氏家族开枝散叶，人才辈出，晁宗悫的曾孙晁说（yuè）之以吕希哲为师，侍奉吕希哲就像亲子侄侍奉长辈一样。吕本中在真州居住时，晁说之曾到真州探望吕希哲，在吕家流连数日。

来到京师后，吕本中更加频繁地与诸晁兄弟交游。晁冲之，字叔用，也是晁宗悫的曾孙，他从小就颖悟超人，写的诗文非常有法度，吕本中来到京师后才开始和他交游，但很快两人就相处得像兄弟一样。晁冲之每天都邀请吕本中去晁府写诗作文，如果吕本中有事不能到，他就派仆人来问讯，吕本中对此非常感激。除此之外，晁冲之的从兄晁贯之、晁谓之也能写文章，吕本中与他们相处得非常和睦。晁说之的弟弟晁咏之、晁冲之的哥哥晁载之也是善学之士，吕本中皆与之从游。晁、吕两大家族的世交，堪称宋代家族交往史上的一段佳话。

政和三年（1113），在京师游历两年之后，而立之年的吕本中回到扬州。同年秋天，吕本中随侍父亲吕好问从扬州到静海（今江苏南通）出差。在途经海陵（今江苏泰州下辖区）时，吕氏父子拜见了当时的贤大夫马涓。马涓，字巨济，是元祐六年（1091）的状元，崇宁初年入“元祐党籍碑”，仕途从此淹滞，身为元祐子孙的吕氏父子与之境遇相同。马涓学问浩博，于书无所不读，写的文章鞭辟入里、委婉曲折，极具含蓄中和之美，很少有人能比得上。马涓还是一个和善之人，无论与谁交往，总是那么和蔼可亲，因此成为众多名士的座上客。吕氏父子在海陵停留数日，每天与马涓交游，吕本中谦卑地向马涓请益，马涓的行为举止深深地影响了吕本中。

来到静海后，吕氏父子又遇到了另一位贤大夫任伯雨。任伯雨，字德翁，吕本中称其为任丈德翁。元符三年（1100），任伯雨出任左正言一职，左正言的职责是向皇帝进谏。宋徽宗即位后，任伯雨多次上书检举章惇、蔡卞的罪状，章、蔡因此被贬官。崇宁初年，任伯雨被奸臣蔡京纳入“元祐党籍碑”，贬职通州。因此，吕氏父子在出差通州静海时，得以拜见任伯雨。吕本中随侍父亲，每天都能见到任伯雨，他称任丈德翁刚直不阿，有王佐之才。王佐即佐王，王佐之才形容任伯雨具有非凡的治国才干。短暂的交游，吕本中也许学不到任伯雨的才干，但是任伯雨刚直不阿的形象足以影响吕本中的一生。

吕本中从出生到现在，亲侍祖父吕希哲和父亲吕好问长达三十年。三十年的时间里，吕本中继承了吕氏家族的道德性命之学，传承了吕氏家族注重孝义和礼法的家风，形成了既善且正的人生观。吕本中以父祖为师，又学无常师，在父祖和诸位先生的熏陶下，不断成长着。

三、学无常师

东莱吕氏家族是宋代首屈一指的儒学世家，在发展过程中形成了不主一门、转益多师的家族风尚。吕本中是东莱吕氏家学承上启下的人物，他上承祖父吕希哲的荥阳家学，下启从孙吕祖谦的婺学，将吕氏家学发扬光大。除了绍续家学，吕本中还很好地坚持了德无常师、主善为师的从师原则。

吕本中经常对人说："《尚书 · 咸有一德》上有句话叫作德无常师，主善为师，说的是学者不要仅仅研究一门学问，也不要仅仅向一个老师请教，只要是向善的道理都可以学习。"这种从师思想打破了门户之见，对于形成通达的学问体系和处世风格具有积极意义。据《宋元学案》记载，吕本中是刘安世、陈瓘、唐广仁、杨时、游酢（zuò）、尹焞（tūn）的门人，王苹的学侣，胡瑗、孙复、司马光、邵雍、程颢、程颐、张载、丰稷、焦千之的"再传"，欧阳修、周敦颐、王致、楼郁的"三传"。

（一）刘安世

刘安世（1048—1125），字器之，号读易老人，世称元城先生。熙宁六年（1073），刘安世进士及第，但并没有马上被朝廷委任官职。刘安世的父亲刘航与司马光同年登科，关系密切，因此刘航就让儿子刘安世向司马光学习。后来，刘安世因为司马光、吕公著的举荐，升任右正言一职。

刘安世号称当时贤者，受到过吕公著的举荐，与吕希哲相友善。因此，吕本中得以向刘安世问学。刘安世曾对吕本中说："二十六岁那年，我进士及第。在随后的两年时间里，我在洛阳从学于司马温公。临别的时候，我向司马温公请教为学之道。司马温公说：'为学的根本是至诚。'我继续问：'请问具体的步骤是什么呢？'司马温公回答说：'说话要有根据，虚妄之语是要不得的，这是做到至诚的开始。'从此以后，我把这句话铭记在心，不敢忘怀。"刘安世用现身说法的方式给吕本中上了生动的一课。

还有一次，吕本中随侍刘安世先生。刘安世对吕本中说："当官处事，必须权衡轻重，务必要合于道理，不能使之有所偏颇，这才是中庸之道。"吕本中请求刘先生讲得详细一些。刘安世说："这样吧，我给你举个例子。元祐年间，我曾去拜访冯当世。冯当世是皇祐元年（1049）的进士，他对我说：'熙宁初年，我和陈旸（yì）叔、吕宝臣同在枢密院为官。陈旸叔聪明颖悟，遇事能妥善解决。而吕宝臣特别善于称停，遇到事情，一定要反复斟酌，直到各方面都感到适宜，才去办理。经过吕宝臣办理的事情，在人情事理方面无不允当。'"这个吕宝臣不是别人，而是吕本中的曾祖吕公著的三哥吕公弼呀！刘安世用吕家人做例子，给吕本中讲解了称停的道理，称停的意思是称量轻重以做到妥帖公正。刘安世特别看重称停二字，并说这两个字是所有人应该竭尽全力做到的，需要详思熟讲，广为宣传。吕本中感谢刘先生的教诲，并将其载入自己的著作《童蒙训》当中。

（二）陈瓘

陈瓘（1057—1124），字莹中，号了翁、了斋，世称了斋先生。宋徽宗即位后，陈瓘出任左司谏一职，多次上书弹劾蔡京、蔡卞等奸臣。崇宁初，他因谏诤被纳入"元祐党籍碑"，南宋汪应辰称其"出死力攻权奸者，天下一人而已"。陈瓘是一个爱憎分明的人，在朝堂之上，他对奸臣深恶痛绝；在日常生活中，他对亲朋好友又非常谦和。陈瓘不喜欢和人争名夺利，看到别人有缺点，也从不当面直斥，而是略微示意，让人家在暗中改正，以此保全别人的颜面。

陈瓘在为人处世上刚柔相济，在学术上也有一番作为。陈瓘与刘安世志趣相投，是司马光的私淑弟子。司马光与周敦颐、程颢、程颐、邵雍、张载并称为“洛学六先生”，陈瓘仰慕司马光的为人，但是没有机会跟随司马光学习，所以只能找司马光的著作来读。此外，陈瓘每得到程颢、程颐的文章，一定会端正衣冠，认真拜读，因此也是“二程”的私淑弟子。陈瓘还精通《皇极经世》之学，而《皇极经世》是邵雍的著作，所以把陈瓘列为邵雍的私淑弟子，也非常合适。陈瓘私淑“洛学”，但并不纯粹，他还是北宋学官丰稷的入室弟子，丰稷又从学于鄞江先生王致和西湖先生楼郁，由此可见陈瓘的学问是多么庞杂了！

陈瓘不主一门，不名一师，与东莱吕氏家族的家风非常贴近。陈瓘又与吕希哲同为元祐党人，所以有很多交集，吕本中在这种因缘际会下尊陈瓘为老师。陈瓘非常尊敬吕希哲，时常给吕希哲写信问讯。他在描述某前辈与吕希哲的交游时，一定会顶格或空格书写某官某公，如称刘安世，则写为待制刘公，因为刘安世曾任宝文阁待制一职。但是，陈瓘在写与自己同辈的人时，一定会直呼姓名，表示不敢尊称，比如游酢、谢良佐等。吕本中认为陈瓘这种做法可以为后世效法。

政和年间，陈瓘路过扬州，到吕家寓所拜见吕希哲。陈瓘请求吕希哲及其夫人上座，并为两位老人行六拜之礼，陈瓘说：“我是晚辈，给吕公和河南夫人行跪拜之礼是应该的，希望两位老人不要有任何回礼。”陈瓘特别尊敬前辈，对前辈从来不敢称字，他尊称吕希哲为吕公或者吕侍讲，尊称吕希哲夫人为河南夫人，礼法之严，异于常人。拜过吕希哲后，陈瓘与吕好问互致问候。他们从容谈论天下大事，每每喜笑颜开。最后，陈瓘对吕好问说："像我这样的人只能被朝廷驱除，若说经天纬地的事业，还是应该由您来做。"陈瓘高度赞扬吕好问，爱屋及乌，对于吕好问的长子吕本中也是青眼相看。

（三）唐广仁

唐广仁（？—1119），字充之，与了斋先生陈瓘志同道合，从小就立志于学习圣人之学。唐广仁听说司马光曾经向刘安世说过这样一段话："我平生没有什么过人之处，但有一条令我引以为豪，那就是我的事情，无论大小，都可以让人知道。"唐广仁听到这句话后，对司马光的德行佩服得五体投地，于是就把司马光作为自己的私淑之师。

元祐六年（1091），唐广仁进士及第，被任命为乾宁军司法参军，他擅长断案，很多疑案经他之手总是能真相大白。元符三年（1100），宋哲宗去世，宋徽宗登基，唐广仁响应朝廷的号召上书言事，但却以邪等遭到废黜。原来，奸臣蔡京等人借用元符上书事件，把参与上书的官员分为正上、正中、正下三等，邪上、邪中、邪下三等。唐广仁入邪等，遭到蔡京等新党的排挤。后来，唐广仁监苏州酒税务，因与苏州权贵相抵牾，而遭到他们的诬陷，最终失官，客居楚州宝应。

楚州宝应离扬州不远，都处在大运河沿线上。吕本中寓居扬州期间，曾经到京师游历两年。从扬州到京师，中途要经过楚州，所以吕本中有机会亲身向唐广仁请益。唐广仁曾经对吕本中说："我听前辈说过，后生如果不能忍辱含垢，那就不能称为人；将别人的私下言论轻易泄露给别人，同样不能称为人。"吕本中从唐先生的言论中学到了为人之道，并将其记录在自己的笔记当中。

政和三年（1113）四月，吕本中从京师游历归来，再次路过楚州宝应。在这里，他见到了自己的外弟赵承国，赵承国是吕希哲的外孙、赵楠的兄弟。赵承国向吕本中询问立身、为学、作文之法，吕本中为其罗列若干条，并给他写了一个帖子：

> 外弟赵承国至诚乐善，同辈殆未见其比。盖其性质甚良，不可以他人语也。若少加雕琢，少下勤苦，便当不愧古人。政和三年四月，相遇于楚州宝应，求余论为学之道甚勤，因录予之闻于先生长者本末告之，随其所问，信笔便书，不复铨次，更当求充之老人印证也。

帖子中的充之老人就是唐广仁，吕本中将唐广仁先生推荐给外弟赵承国，由此可见唐广仁在吕本中心目中的位置。几十年后，吕本中写给外弟的帖子传到了吕本中的孙子吕祖平手里，吕祖平力绍家学，并以此作为传家宝，这又可以看出吕氏家学的薪火相传了。

（四）杨时

杨时（1053—1135），字中立，南剑州将乐县（今属福建三明）人，学者称龟山先生。熙宁九年（1076），杨时进士及第，朝廷授官，杨时推辞不就，并且拜明道先生程颢为师。程颢发现杨时聪敏好学，领会得最快，因此非常器重他。等到杨时学成南归，程颢目送着他说："我的学术有望南传了。"元丰八年（1085），程颢病逝。七年以后，杨时又到洛阳问学于程颢的弟弟伊川先生程颐，当时杨时已经四十岁了。

有一天，杨时和同学游酢到程府拜访程颐，他们透过窗子发现程先生在屋里坐着睡着了。两位同学不忍打扰先生，于是就站在门外等着先生醒来。不巧的是，这天下起了鹅毛大雪，等到程先生醒来时，雪已经下了一尺厚了，而杨时和游酢也成了站立的雪人。这就是程门立雪的故事，后来人们用这个故事来形容求学心切和尊师重道，而故事中出现的杨时、游酢再加上谢良佐、吕大临并称为“程门四先生”。

程颐是北宋理学家，早年曾和吕希哲一起在太学学习。吕希哲比程颐小六岁，他佩服程颐的学问，是最早师事程颐的人。从吕希哲开始，程颐的学生遍布天下。吕希哲与程颐两人实际上是亦师亦友的关系。后来程颐的弟子谢良佐、杨时都以师礼侍奉吕希哲。

崇宁初年，吕本中从关沼那里听说了杨时的贤良。关沼，字止叔，元祐三年（1088）进士，杨时的门人。关沼对吕本中说：“杨中立先生的学问自成体系，讲出来的道理特别有力量。他曾经对弟子们说：‘常人之所以怕死，那是因为世人都怕死，习以成风，所以如此。如果世代相传，人人不怕死，那么就没有怕死这回事了。世人之所以怕死，是因为讲学没有讲透彻，世人对死亡知道不多的缘故。’”吕本中从这段话知道杨时是一个不怕死的贤士，所以他仰慕杨时的为人，期望有朝一日跟随杨时从游。很久以后，吕本中果然见到了杨时，并以师礼尊事他。

政和年间，吕本中不能亲炙杨时先生，但他通过书信问学的形式与杨时保持着师生之谊。在杨时的《龟山集》中有三封题为《答吕居仁》的信札，这三封信札都是围绕问学展开的。在第三封信札中，杨时这样写道：

> 承问格物……六经之微言，天下之至赜存焉。古人多识鸟兽草木之名，岂徒识其名哉？深探而力求之，皆格物之道也。夫学者必以孔孟为师，学而不求诸孔孟之言则末矣。《易》曰：“君子多识前言往行，以畜其德。”孟子曰：“博学而详说之，将以反说约也。”世之

学者欲以雕绘组织为工，夸多斗靡，以资见闻而已。故摭其华不茹其实，未尝畜德而反约也，彼亦焉用学为哉？

“君子多识前言往行，以畜其德。”这是《易经》上的一句话，杨时在给吕本中的回信当中引用了它，吕本中也多次从祖父、父亲的口中听到它。久而久之，“君子多识前言往行，以畜其德”成为东莱吕氏家族的治学风尚和家风。

（五）游酢

游酢（1053—1123），字定夫，学者称廌（zhì）山先生。他从小就出类拔萃，卓尔不群，文章读过一遍就会背，时人称其有过目成诵之功。游酢和哥哥游醇在年轻的时候就以文章闻名于世，他们所结交的朋友都是天下的英豪。所以，别看游酢很年轻，当时的老师和宿儒都非常推崇他。

后来，程颐到京师办事，见到了在京师游学的游酢，觉得这个年轻人天资聪颖，是个研究学问的可造之才。熙宁五年（1072），程颢任扶沟县知县，荐举游酢在县学任职，游酢欣然前往。在担任知县的同时，程颢不忘提倡圣贤学说。在程颢的教导下，游酢的学问日益精进。元丰五年（1082），游酢进士及第，任越州萧山县（今属浙江）县尉。程颢去世后，游酢又以程颐为师，所以游酢是“二程”的嫡系门人。

因为吕希哲曾经师从程颐，所以他对游酢也很熟悉。东莱吕氏世代簪缨，游酢对这个家族也非常倾心。后来，吕本中在祖父的影响下师从游酢。游酢曾经给吕本中写了一封书信，信上说：“文靖、正献专以荐举人物为己任，推荐士人报效国家，这可以作为后世效法的对象；侍讲和朝散，延续了前代人的美德，居仁也非常像他们。这是我对吕氏家族倾心的原因。”在古代，对于长辈不能直呼其名，可以用他的别号、谥号、官职来代称，对于平辈、晚辈可以称字。游酢信中的文靖和正献分别是吕夷简和吕公著的谥号，侍讲和朝散分别是吕希哲、吕好问的官职，居仁是吕本中的字。古人重视礼法，从称谓上就能表现得淋漓尽致。

游酢最开始师事“二程”学习“洛学”，后来又研究禅学，这与东莱吕氏的家风相契合，都是不主一门的具体表现。大观年间，吕本中曾经给游酢写信问学，信上说：“儒学认为，把父子、君臣、夫妇、兄弟、朋友这五种关系理顺清楚了，就可以达到圣人的高度；佛学认为，剔除这五种关系才可以成为圣人。吾丈定夫先跟随二程先生学习，然后又跟随诸位禅老从游，想必对于儒佛两家的议论，一定没有什么隔阂，请问儒佛两家有什么不同吗？”游酢回信道：“佛书上说的道理，世俗的儒者没有深入地考究过。往年我曾听伊川先生说过：‘我给大家打个比方，我毕生所研究的东西，无非就是事物的印迹。然而印迹是自己出来的吗？不是的，我们必须亲自到那个地方去，才能分辨印迹有什么不同。否则，我们只是在逞口舌之争罢了。’”

所以，用口舌分辨儒佛的不同是徒劳的，我们要做一个身体力行的君子。吕本中与游酢一样，不仅倾心儒学，而且研究佛学，并与诸多禅师有着密切往来，他在实践中品味着儒佛的旨趣，他是一个躬行君子。

（六）尹焞

尹焞（1071—1142），字彦明，一字德充，世称和靖先生。尹焞出身于书香世家，从小就接受家里长辈的教诲。元祐五年（1090），二十岁的尹焞通过发解试，具备了参加省试的资格。这一年，尹焞经过程门弟子苏昺的引荐，拜伊川先生程颐为师。

绍圣元年（1094），尹焞参加科举考试，当打开试卷一看，他发现策论要求就诛杀元祐党人进行讨论。尹焞说：“噫，我难道要凭这个争名夺利吗？”于是就丢掉卷子离开了考场。尹焞告诉程先生说：“我以后再也不参加科举考试了。”程颐说：“你的母亲还在世，不参加考试是一件大事，你回去征询一下你母亲的意见吧。”尹焞回到家里把这件事向母亲汇报。母亲说：“我知道你把善作为人生的根本，而不是把利作为人生的根本，我支持你的决定。”程颐听到后说：“这真是一位贤明的母亲啊！”果然，尹焞此后再也没有参加过科举考试。

尹焞是程颐门人，而且很晚才进入程门，师生相差将近四十岁，但这并没有影响尹焞学习“洛学”的效果。后人评价尹焞完美地继承了程颐的学说，而且坚守师说最为纯粹，这与游酢再学佛学大有不同。吕本中作为晚生后学，在早年同时跟随杨时、游酢、尹焞游学，而且在尹焞门下待的时间最久，对尹焞先生的为人和教学知之甚深。

尹焞在程门以笃行著称，他对伊川先生的教诲总是能做到身体力行。伊川先生教人专以敬以直内为本，于是尹焞经常把这个道理讲给学生们听。敬以直内出自《易经》，其大意是用恭敬的态度来端正自己的内心。有一次，尹焞对吕本中等弟子们说：“我们要坚守敬以直内的道理，如果能坚守此理，那么凡事都不敢轻易去做，不敢胡乱去做，即使在暗处，也不会做坏事，不起坏念头。一旦我们能持之以恒坚守这个道理，那么我们自然会有所收获。”吕本中对程颐、尹焞两位先生的教诲深以为然，并立志去践行。

总之，吕本中延续了东莱吕氏家族不主一门、转益多师的求学风尚，先后游学于刘安世、陈瓘、唐广仁、杨时、游酢、尹焞之门，这些先生有的是司马光的后学，有的是“二程”的门人，有的还有学习佛学的经历，但正是这些成就了博学的吕本中。此外，吕本中还与师事程颐、杨时的王苹为学侣。王苹（1082—1153），字信伯，世居福州福清，其父迁徙吴江震泽，故学者称王苹为震泽先生。王苹还担任过著作郎，故学者又称他为著作先生。王苹年长吕本中两岁，但是闻道有先后，术业有专攻，吕本中把王苹视为自己的学侣，通过亲身交游和书信问学维系着两人之间亦师亦友的情谊。

第二节 历任小官，艰难前行

俗话说三十而立，吕本中在过了而立之年以后，迎来了人生的转折点，开始出仕做官了。从政和四年（1114）到靖康元年（1126），吕本中在十二年的时间里历任济阴主簿、泰州狱掾、大名府帅司干官、枢密院编修官、祖宗旧法详议司检讨官、职方员外郎等官职。这些官职品级不是很高，而且吕本中刚开始进入官场，中间又经历了祖父、母亲的去世和方腊起义，所以他做官做得很艰辛。此外，吕本中为官的这十二年，还是北宋王朝极度黑暗的时期，宋徽宗奢侈腐化、大兴土木，金王朝得陇望蜀、虎视眈眈，老百姓流离失所、苦不堪言，吕本中怀着一颗赤子之心，艰难地行进在出仕为官的道路上。

一、任济阴主簿

政和四年，三十一岁的吕本中被任命为兴仁府济阴县主簿，开启了从政为官的生涯。吕本中对济阴县并不感到陌生，因为早在建中靖国元年（1101），吕本中的祖父吕希哲担任曹州知州，吕本中随侍，而曹州的治所就在济阴县。不过需要说明的是，当年济阴县隶属于曹州，而在第二年也就是崇宁元年（1102），曹州被升为兴仁府，所以在吕本中任职济阴的时候，济阴已经隶属兴仁府。在宋代，地方行政机构分为路、州、县三级，与州平行的还有府、军、监，府设于国家要地，军设于军事要冲，监设于铸钱、产盐等经济重要地区。曹州升为兴仁府，可以看出该地对于国家的重要性。

政和四年初秋，吕本中抵达济阴县，正式出任主簿一职。主簿是县令的从属官员，品级是从九品，在九品十八级官制中处于最低一级。主簿的主要职责是统计户口、征督赋税、出纳官物、审理案件和被符檄差出，所谓被符檄差出，就是被上司委派外出办理一些事情。吕本中到达济阴后，写了四首诗，题为《初抵曹南四首》，其中第一首是这样写的：

未辨归山计，今年学作官。

簿书妨好梦，尘土败余欢。

但有妻孥累，初无肺腑宽。

从来畜鲑菜，不上八珍盘。

吕本中骨子里是一个诗人和学者，自由自在、无拘无束是他的追求和向往。在没有担任济阴主簿之前，吕本中每天以读书、作诗、交友为事，他已经习惯了这种类似归隐的闲适生活。然而，生活是残酷的，没有那么多浪漫和自由可言。吕本中自从结婚生子以来，他所考虑的事情就多了一层，那就是如何养家糊口，而这正是丈夫和父亲的责任和担当。所以，当自由和责任发生矛盾的时候，吕本中不得不选择责任。尽管日常的工作妨碍了他的好梦，尽管尘世的生活搅扰了他的清欢，但是为了妻子儿女，吕本中不得不开始学习做官。主簿是从九品，俸禄在所有官员当中是最少的，吕本中一家每天吃的都是普通的菜肴，从来不敢奢求八珍盘这样的珍馐美味。《初抵曹南四首》是吕本中刚到济阴时写的，突然的县衙生活令他有些不适应，他需要在自由与责任之间做好平衡，心态平和地参与到日常工作当中去。

吕本中到任济阴的政和四年正是北宋三年一度的发解之年。所谓发解，就是州府发解贡送举子到京师参加科举考试。为了选拔合格的举子，州府需要举行一次选拔考试，而这次选拔考试就叫发解试。发解试每三年举行一次，一般在秋天举行，所以发解试又叫秋闱、秋贡。朝廷规定，由发解试选拔合格的举子要在当年的冬天赶到京师集合，并在次年春天参加礼部主持的省试和皇帝主持的殿试，殿试合格者就是进士，进士及第者授予官职。所以，发解试是宋代选拔官员的基层考试，是士子求官的第一道门槛，在科举考试中地位也非常重要。吕本中本来出任的是济阴主簿一职，但济阴是兴仁府的治所所在地，兴仁府举行发解试需要各类工作人员，吕本中被暂时借调到试院担任试官工作。

试院，又称贡院，是科举考试的考场。在宋代，科举考试实行锁宿制，也就是为了避免作弊，试院在考试期间是封闭的，考官和考生吃住在试院，直到考试结束。因为科举考试包括论、策、诗赋、经义等多个科目，所以考官和考生要在试院里待十来天的时间。吕本中作为试官，参与了发解试的全过程，闲暇时他通过作诗来打发时间、抒发情感，下面就是他写的《试院中作二首》（其二）：

诸生未下笔，客子且安眠。
老觉文章退，官忧簿领缠。
短檠仍有味，高枕自无缘。
但愿无他苦，今年如去年。

这首诗与《初抵曹南四首》（其一）一脉相承，都表达了他对理想渐远和生活苦闷的担忧。一方面，吕本中发现他写的文章越来越倒退了，作为诗人和学者的他对此产生了深深的不满；另一方面，他每天为官场的事务所纠缠，想过高枕无忧的隐逸生活是不现实的。所以，此时此刻的吕本中仍然处在自由与责任的矛盾当中不能自拔。要想化解这对矛盾，只有等待时机。

时光飞逝，斗转星移，转眼间吕本中在济阴主簿任上度过了半年多的时光。政和五年（1115）暮春，政事之余的吕本中沿着济阴城外的五丈河堤去拜访好友颜岐。颜岐，字夷仲，鲁人，是吕本中祖父吕希哲的入室弟子，所以和吕本中相交好。当时颜岐也在济阴，他还给吕本中写了一首诗，诗中的“念昔从学日，同升夫子堂”一联回忆了他和吕本中一起跟随先生吕希哲问学的情景。吕本中对颜岐非常崇敬，他和颜岐就做文章和做人展开了清谈，在清谈过程中，两人似乎忘记了时间，并在这个过程中实现了精神的自由，他们都为有先生或祖父吕希哲的指引感到万分荣幸。

然而，就在将近一年之后的政和六年（1116）正月，吕本中随侍多年的祖父吕希哲去世了。早在政和五年，吕希哲的夫人张氏去世，按照古代丧制，吕好问辞去官职，回家丁忧。令人没有想到的是，不到一年的时间，吕希哲也因病去世了。吕好问相继丁内外艰，并将母亲张氏、父亲吕希哲葬到郑州新郑县怀忠乡神崧里吕氏家族墓地。吕本中是吕希哲的长孙，但因为有父亲吕好问在，所以按照丧礼，吕本中不能解官居丧，只能告假省亲。然而，就在这时，北方下了一场大雪，阻延了吕本中的行期。归心似箭的吕本中写了一首诗《大雪不出寄阳翟宁陵》，寄给远在阳翟（今河南禹州）的父母和在宁陵（今河南商丘宁陵）的叔父：

簿书终岁忙，风雪一日静。闭门近残火，稍觉诸事胜。
平生汗漫游，已负麋鹿性。微官不能归，但见日月竞。
老人去已远，我行复未定。训言实在耳，无因问温凊。
归心止阳翟，悲梦识新郑。大女痴无比，有语多未听。
小女索乳啼，不与穷屋称。想唤添丁来，与汝相和应。
低头坐儿曹，气血安得盛。非无车马心，未忍求捷径。
顾自阻饥寒，畴能免讥评。诸郎何时逢，相作玉树映。
文章有活法，得与前古并。默念智与成，犹能愈吾病。

此时，吕本中的父母卜居阳翟，阳翟与新郑是邻县，往来方便，便于家人到新郑墓地吊唁，吕本中的叔父尚在宁陵，还未赶回阳翟，所以吕本中写了这首诗，分头寄到阳翟和宁陵。吕本中在诗里说，祖父已经去世了，但是他却不能马上赶回去。回想过去，祖父的训言还在耳边，但是他已经没有机会孝敬祖父了。吕本中一心想回到阳翟，新郑吕氏墓地也常常出现在他的梦里，想到这里，吕本中的泪水止不住地往下流，不一会儿就沾满了他的衣襟。然而，等他回过头来，他看到了自己尚不懂事的孩子们，大女儿痴，小女儿哭，孩子们哪能理解为父的心情呢？如今，吕本中这个小家过得并不富裕，饥寒与贫穷是吕本中一家的常态。但是，吕本中还是希望带着孩子回到阳翟，与祖父吕希哲的子孙后代相见。到那时，孩子们齐聚一堂，一来缅怀老祖，二来相互讲益，此情此景不正像那茂盛的芝兰玉树生在院落当中那样喜人吗？

雪停之后，吕本中携妻子儿女回到了阳翟老家，吕本中等子孙在吕好问的带领下来到新郑吕氏墓地祭奠吕希哲的在天之灵。在祭奠时，祖父吕希哲的音容笑貌时时浮现在吕本中的脑海里，吕本中为失去自己人生的领路人而感到万分悲痛。斯人已逝，但精神永存，吕本中在祖父吕希哲的教导下长大成人，祖父永远活在他的心中。

吕本中在阳翟住了一个月，他非常珍惜陪侍父母及与叔父、兄弟们交游的每一天，吕氏家族的骨肉亲情常常令吕本中感动，尤其在为人夫为人父之后，吕本中更能强烈地感受到这一点。一个月后，吕本中的省亲假期结束了，他又携妻子儿女返回济阴，继续担任济阴主簿一职。

主簿是县令的直接下属，每天的工作非常辛劳，与从亲情中获得的快乐相比，吕本中显然对这份工作有些吃不消。这年十一月初一，吕本中写了一首题为《十一月一日步河堤上》的长诗，他在这首诗中说：“簿书纠缠人，欲出不自许。老叟环我前，更作附耳语。脱身上河堤，颇似昼伏鼠。”主簿的账目非常烦琐，想要出去一趟很不容易。有一天，吕本中的随从主动代替吕本中梳理账目，这样他才有机会脱身到河堤散步。吕本中因为是忙里偷闲，所以他形象地把自己比喻成昼伏夜出的老鼠。不过，吕本中不必再为自己的这个烦琐工作担忧了，因为在不久的将来他就要离开济阴主簿这个职位了。

二、调泰州狱掾

政和七年（1117），吕本中已经在济阴主簿任上度过了三个春秋，按照三年期满的为官制度，吕本中结束了济阴主簿任期，调任泰州狱掾。泰州隶属淮南东路，西邻扬州，北接楚州，南连通州，东濒大海，任所在海陵。早在七年以前，吕本中的父亲吕好问被任命为司扬州仪曹事，吕本中随侍父亲出差时到过泰州，对泰州的风土人情比较熟悉。狱掾，是狱曹的属吏，协助长官处理刑狱犯法之事，为从八品。吕本中从济阴主簿调任泰州狱掾，虽然在官阶上提升了两级，但还是长官手下的属官，地位低，任务重，对诗人气质的吕本中而言仍然是一个不小的挑战。

同年八月，吕本中到达泰州。在走马上任以后，吕本中在短时间内还不能掌握刑狱工作的方法和要点。就在这时，他收到了好友颜岐的来信。颜岐在信中给吕本中梳理了审理案件的次序，说明了审理不同案件的方法，并勉励吕本中要爱护犯人、公正执法。例如，在夏天提审犯人，上午一定要在西廊下，下午一定要在东廊下，这样可以避免太阳的正面照射，减轻犯人的痛苦。又如，派人到监狱中提审犯人，一定要让这个人从头到尾负责这件事，不能在中间换作他人，以免这个人收了犯人的贿赂，不肯把这件事追查到底。再如，监司、郡守等长官如果过分严苛地对待犯人，作为狱掾一定要心平气和地把犯人的罪状详尽地报告给长官，以寻求长官的公正处理。如果长官仍然不能公正处理，那么狱掾就要再次耐心地把犯人的罪状和相关法律条文汇报给长官，相信大多数长官都会有一个公正的判决。

收到颜岐的信之后，吕本中将刑狱工作理清了头绪，把自己全身心地投入到刑狱工作中去。然而，正当吕本中鼓足干劲之时，少年时坐下的疾病再次袭扰他。为此，吕本中还写了一组七言绝句来记录当时的情景，其中《海陵病中》（其一）这样写道：

病知前路资粮少，老觉平生事业非。

无数青山隔沧海，与谁同往却同归。

此时的吕本中才三十多岁，正值壮年，可是他贫病交加，早生华发，大有穷途末路之感。他躺在病榻之上，回顾自己的前半生，只觉得往事如烟、一事无成。如今，病魔侵袭着他，贫穷环绕着他，他的理想在哪里呢？青山重重，沧海茫茫，他的出路又在哪里呢？还有谁愿意和他一起到达理想的彼岸呢？吕本中被失意潦倒压得喘不过气来，一种酸楚与哀怨涌上心头。

宣和二年（1120）春，吕本中在泰州狱掾的任期即将结束，就在这时，他收到了母亲病重的消息。吕本中来不及收拾行囊，也没有携带妻儿，只身一人，匆匆回到了阳翟老家。到家之后，吕本中的母亲已经病故。按照宋代的丧礼制度，儿子要为母亲守丧二十五个月，其间不能在朝为官。吕本中作为长子，毅然辞去泰州狱掾之职，并为母亲居家守丧。因为丧礼包括守灵、入殓、发丧、下葬等流程，相当烦琐，吕本中没有时间到泰州接回自己的妻儿，等到把丧礼办完，已经过去几个月了。

这年秋天，吕本中动身到泰州，去接自己的妻儿。然而，就在这时，方腊起义爆发了。方腊原本是一个漆园主，性情豪爽，广交朋友，深得劳苦大众的信赖，因为无路可活，所以就带领大家发动了起义。原来，当时的皇帝宋徽宗酷爱奇石异木，杭州造作局、苏州应奉局就在朱勔（miǎn）等奸臣的主持下在东南地区到处搜刮，并通过船只将这些奇石异木运送到京城。奇石异木十艘船为一纲，所以人们将这项工程称为花石纲。运送花石纲费时费力，劳民伤财，而且有的地方为了让花石纲通过，甚至要拆毁桥梁，凿坏城郭，黎民百姓怨声载道，苦不堪言。这就是方腊起义的原因之一。

宣和二年十月初九，方腊在江南东路歙州歙县七贤村发动起义，不久起义军发展到近百万，威震东南。朝廷任命大宦官童贯为江淮荆浙宣抚使，率兵讨伐方腊。方腊起义军对贪官奸臣恨之入骨，接连将建德、歙州、杭州攻陷。吕本中在战火硝烟中来到了泰州，泰州距方腊起义的中心不远，时时能听到官军与起义军交战的消息。为了尽早离开这个是非之地，吕本中携带妻儿悄悄上路了。一路上，他们担惊受怕，谨小慎微，眼看就要脱离方腊的起义地区，然而，一波未平一波又起，他们又走进宋江的起义地区了。

宋江，字公明，绰号“呼保义”，又号“及时雨”，为人仗义，在当地百姓中颇有威望。宣和元年（1119），宋江在水泊梁山发动起义。没多久，宋江起义军就攻克了青州、齐州、濮州等十多个州。宣和三年（1121）二月，宋江起义军攻克京东东路淮阳军（今江苏睢宁），地盘越来越大。也就在这时，吕本中和妻儿经过千辛万苦，穿过了宋江起义地区，回到了阳翟老家。吕本中的这次泰州之行无疑是非常艰辛的，但万幸的是，他将妻子儿女全须全尾儿地接回了老家。此时，方腊起义和宋江起义还没有结束，为了安全起见，他和全家避地韩城（今属陕西渭南）。

韩城隶属永兴军路，与阳翟隶属的京西北路相邻，但是京西北路紧挨着农民起义的攻击目标开封，而永兴军路则更深入西北，所以吕本中选择到韩城避难。就在吕本中避地韩城的这些日子，北宋朝廷对方腊、宋江起义军的镇压取得了巨大胜利。宣和三年四月二十六日，宋军生擒方腊，义军七万多人壮烈牺牲，方腊起义失败。五月，宋江起义军遭到海州知州张叔夜的伏击，宋江被俘，宋江起义也失败了。然而，因为古代的资讯并不发达，所以吕本中到了秋天才听到官军胜利的消息。听到消息后，吕本中非常高兴，他随即写了一首题为《闻南寇已平欢快之甚作诗五十韵》的五言排律。该诗长达五百字，非常真实地描写了方腊、宋江起义的浩大和社会危机的深重，体现了吕本中对当时社会的深深担忧，该诗结尾这样写道：

今日袄氛涤，新秋暑气苏。如闻旧巢覆，尽伏逆臣诛。

遣卒宽平贾，令民内半租。文章元典则，刑赏旧规摹。

桀恶先函首，渠魁已献俘。书地问安否，尚足慰驰驱。

从诗中我们看到，吕本中对起义失败官军获胜的结果是充满欢欣的，但他也希望朝廷通过宽松的政策和合理的制度，促进大宋王朝的休养生息。最后，吕本中给在家乡阳翟的亲人写了一封问候信，信中回复一切安好，吕本中为父亲的安康和亲人的无虞感到万分欣慰。宣和四年（1122）春，吕本中携家眷回到阳翟老家。能够再次陪伴父亲和诸弟，吕本中的心中无限欢喜。然而，吕本中这次在阳翟的时间是非常短暂的，因为他又要出仕为官了。

三、辟大名府帅司干官

宣和四年夏天，吕本中为母亲丁忧的时间结束了，朝廷把他任命为大名府帅司干官。大名府（今河北大名东北）是北宋四京之一，北宋的东京是开封府，西京是河南府，南京是应天府，北京是大名府，而且大名府是在吕本中高祖吕夷简的建议下设置的，如今吕本中到大名府为官，心中一定充满了对高祖的敬意。帅司是安抚使司的简称，安抚使司是宋代在重要地区设置的机构，主管一路军事和民政。安抚使司的长官是安抚使，简称帅，由知州或知府兼任。干官，是干办公事或干办官的简称。干办公事原作勾当公事，因为勾与宋高宗赵构的构同音，出于避讳的需要，勾当公事改称干办公事。干办公事是宋代很多机构的属官，没有定员，主要听从长官的差遣，分掌一些具体事务。值得一提的是，吕本中在担任大名府帅司干官的时候，还处于宋徽宗统治时期，按理应该称为勾当公事，但因为吕本中生活在两宋之际，后人在撰写吕本中这段履历时，习惯性地将其称为干官。

吕本中到大名府担任干官的时候，正是北宋即将灭亡的前夜。一个中原王朝为什么会沦落到这等地步呢？因为北宋并不是一个完全意义上的大一统王朝，在北宋王朝的北方相继出现了三个少数民族政权，它们分别是由契丹族建立的辽（907—1125）、由党项族建立的西夏（1038—1227）和由女真族建立的金（1115—1234），三个少数民族政权并称为“塞北三朝”。正是因为少数民族政权的出现，北宋王朝的北方面临着巨大的军事压力。

宋仁宗景祐五年（1038）冬十月，党项族的首领元昊在兴庆（今宁夏银川）称帝，建立大夏，史称西夏。宝元三年（1040）正月，元昊大举入寇，北宋的陕西路首当其冲。为了加强西北边境对西夏的防御，北宋于庆历元年（1041）正式设置了陕西四路（鄜延、环庆、泾原、秦凤）安抚使，四路安抚使分别统驭所属部队抗御西夏，成为定制。紧随其后，北宋又在河东路设置了安抚使。庆历八年（1048），为了应对另一个少数民族政权辽的威胁，北宋在河北路设置了大名府路、真定府路、定州路、高阳关路等四个安抚使路，四路安抚使均由所在州府的长官兼任。

大名府是北宋的北京，对内拱卫开封，对外声援诸路，在军事上处于战略要地，历来受到朝廷的重视。能够到大名府担任知府的官员有很多是两府（中书门下、枢密院）的重臣，也有很多官员从大名府知府离任后再次回到两府担任高官。例如，吕本中的高祖吕夷简原是北宋的宰相，在宝元元年（1038）被贬到大名府担任知府。吕夷简在担任大名知府期间，实地考察了大名的战略位置，并把大名府的政治、经济、文化情况一一了解清楚。康定元年（1040）五月，吕夷简以右仆射复入相。庆历二年（1042），他建议宋仁宗将大名府定为北宋的北京，宋仁宗采纳了吕夷简的建议，加强了对大名府的经营，从此北宋在北部多了一道重要屏障。

时光飞逝，转眼已是八十年后。吕本中到大名府担任帅司干官，事奉过两任长官，其一为大名府第九十二任知府王革，其二为第九十三任知府徐处仁。两任知府的处事方式迥然不同，吕本中对此深有体会。

王革，字保和，是一位心狠手辣、杀人如麻的酷吏。方腊起义被镇压以后，河北又发生了农民起义。宣和四年，王革被任命为大名府知府兼大名府路安抚使，主持河北路的平乱事宜和防御辽国的进攻。王革在担任大名府知府之前是开封府知府，这个人素以专尚威猛著称，即使有人偷了一文钱，也要对其施以杖刑并发配边疆。一天，王革又在闹市中主持杖刑，这时有人从人群中扔过来一本书，王革命令随从捡起来，发现这竟是自己放在卧室中常看的那一本。王革非常惊讶又非常害怕，命令在全府捉拿偷书人，但一无所获。

来到大名府后，王革的残酷程度更加升级，抓获的叛贼无论情节轻重一律处死，稍有紧急情况，就关闭城门，如临大敌。结果闹得人心惶惶，叛贼反而更多。王革也知道自己杀人太多，而且对发生在开封的丢书之事心有余悸，常常担心有人要谋害他，所以他在自己的衙署布下了大量卫兵，每当接见宾客都要焚香，祈求上苍保佑他安然无恙。吕本中虽然是王革的属官，但看不惯他的做派。有一次，吕本中对身旁的好友窃窃私语道："王知府做事太乖张了，他的行为应了韦苏州的一句名诗，正所谓'兵卫森画戟，宴寝凝清香'啊！"韦苏州即唐代诗人韦应物，韦应物在担任苏州刺史时写了一首题为《郡斋雨中与诸文士燕集》的诗，这首诗的头两句就是"兵卫森画戟，宴寝凝清香"，意思是手持画戟的卫兵排列森严，内室凝集的焚香散发出芬芳，韦应物用这首诗表达了威严而又闲适的生活情趣。吕本中反其意而用之，通过卫士和焚香展现了王革心狠手辣却又胆小如鼠的形象。

与王革相反，徐处仁是一位处事干练、关心百姓疾苦的好官。大观元年（1107）八月，徐处仁被任命为尚书右丞，尚书右丞与参知政事、门下侍郎、中书侍郎、尚书左丞一样，都是北宋的副宰相。两个月后，徐处仁因为丁母忧离开了副宰相之位。后来，又因为童贯、蔡京等人的排挤，徐处仁长期在地方为官。

宣和五年（1123），徐处仁被任命为大名府知府。徐处仁到任后，宣布对叛贼公正处理，同时打开城门，撤掉府衙内的卫兵，人心很快就安定下来。吕本中对长官徐处仁的处事风格非常敬佩，并为他的人格魅力所吸引，所以吕本中非常愿意向徐处仁学习，徐处仁的敬业精神也深深感染了吕本中。有一天，吕本中向徐处仁请教为官之道，徐处仁给吕本中讲了这样一个故事：

> 官场中，有很多前辈对工作尽心尽责。仁宗皇帝时，有一位担任京西转运使的官员，一天接见监窑官，问道："每天有几座窑灶点火烧柴啊？"监窑官回答："大约有十八九个。"京西转运使说："但我看到的只有十一座，这怎么解释呢？"监窑官惊讶不已，无话可说。原来，转运使早晨起来已经从窑灶处升起的烟火了解到窑灶点火的数量了。他就是这样尽心尽责的。

听到徐处仁讲的故事，吕本中的内心充满了无限愧疚。回想自己担任小官以来所发的种种牢骚，吕本中为自己的不称职感到深深的愧疚。如今，国难当头，大敌压境，是应该走出自己的小境界，为国家的大利益贡献自己的力量了。国家命运改变了吕本中，民族危难见证了吕本中的成长。

四、任职京师

宣和六年（1124），吕本中已经过了不惑之年，这一年他由地方调到京师担任枢密院编修官。枢密院，北宋二府之一，主管军事。枢密院编修官，正八品，是隶属于枢密院奉敕编修兵书的官员。例如，熙宁三年（1070），枢密院编修官奉敕编修《经武要略》一书。政和七年（1117），枢密院编修官又奉诏编修《北边条例》一书。宣和六年，北方战事吃紧，朝廷下诏选拔能够编修兵书的文学之士。吕本中在文学上小有名气，而且担任过帅司干官，具有一定的军事经验，所以他在大名府帅司干官任上还没有期满，就被破格提拔为枢密院编修官。

由于北宋政权的战略失误，宣和二年（1120），北宋和刚刚成立五年的金政权签订了海上之盟，双方约定共同夹击辽国。宣和七年（1125），宋金果然联合灭掉辽国，但是这样一来，宋与金之间失去了一道屏障，积贫积弱的北宋王朝岌岌可危。金国根本就没有给北宋喘息的机会，同年十月，金兵分两路南下攻宋。十二月，金兵直逼北宋的都城开封。宋徽宗听到这个消息后当场晕厥，苏醒之后匆忙把皇位传给太子赵桓，这就是宋钦宗。第二年，宋钦宗改元靖康。

靖康元年（1126）正月初八，金兵包围开封，在主战派李纲等将领的坚持下，东京保卫战打响。此时，各地的勤王之师纷纷赶往东京，河北、山东的起义军也奋起反金，金兵孤军深入，死伤众多。靖康元年二月，金国要求北宋签订议和盟约，北宋以割地赔款的沉痛代价与金国议和，金军退师，东京暂时得以保全。为了避免亡国，宋钦宗下发手诏，宣布为元祐党人平反，并广招四方贤才。手诏下发后，在宋钦宗近臣的推荐下，蛰居十二年的吕好问被任命左司谏、谏议大夫。同年四月，吕好问升任御史中丞。

靖康元年四月初九，吕本中的职位又发生了变动。原来，太上皇宋徽宗曾下诏让宰执官设置部门，举荐官员，选取祖宗旧法详加讨论，使有益于当今的旧法施行于天下。所谓宰执官，即宰相与执政官（副宰相与枢密院长两官）的合称。当时的宰相有两位，分别称为太宰兼门下侍郎、少宰兼中书侍郎。此时的太宰不是别人，正是吕本中的老上司徐处仁，徐处仁对吕本中非常了解，于是就推荐了吕本中。所以，吕本中从这时起有了一个新职务——祖宗旧法详议司检讨官。然而，在国难当头的危急时刻，祖宗旧法详议司这样的清议机构犹如昙花一现，很快就被撤销了。

同年五月，吕本中被任命为职方员外郎。职方员外郎，正七品，隶属于尚书省兵部职方司，职方司设有长官郎中一人，副长官员外郎若干人。职方员外郎与郎中共同掌管天下地图、城隍、镇戍、烽堠等事，每天的工作是详细了解国家地域的广袤、郡县镇寨的远近和各地的风俗特产，以备国家战事之咨询。

吕本中在担任职方员外郎时，曾因不答梁师成而大著名。梁师成，字守道，与蔡京、王黼（fǔ）、童贯、李彦、朱勔被称为宋徽宗时期的“六贼”。在这六贼中，蔡京、王黼官至宰相，童贯、梁师成、李彦都是宦官，朱勔是兴起花石纲之役的总指挥，六个奸臣都与北宋的灭亡有着直接的联系。政和（1111—1118）以来，有很多侍从大臣通过奴事宦官取得富贵，其始作俑者就是王黼，王黼极力巴结梁师成，后来升任宰相。王黼不敢称梁师成的字号，而是把他称为恩府先生，并像对待父亲一样侍奉梁师成。恩府的意思是恩地和师门，平常用在恩师的身上，体现了对恩师的感激，但是用在奸臣梁师成身上，体现了王黼对梁师成的谄媚。

当时，梁师成是一权倾朝野的人物，也是众多权欲熏心的官员争相追捧的对象，但是吕本中却看不惯这股邪气。有一次，梁师成想让职方员外郎吕本中美化一下自己，可是耿直的吕本中根本没有理会梁师成。梁师成对吕本中恨之入骨，并发誓要整死吕本中。但是，历史不会再给梁师成这样的机会了，因为梁师成虽然是宋徽宗的红人，但却是宋钦宗的绊脚石，不久之后梁师成就被宋钦宗设计缢杀了。几十年后，朱熹在写给赵昌甫的回信中称赞了吕本中，他说：

> 吾人当此境界，只有“固穷”两字是着力处。如其不然，即堕坑落堑无有是处矣。尤是文士，巧于言语，为人所说，易入邪径。如近世陈无己之不见章雷州，吕居仁之不答梁师成，盖绝无而仅有之为可贵也。

就在吕本中担任职方员外郎的时候，宋金之间的关系再次发生变化。靖康元年夏，金国派萧仲恭出使北宋，耶律余睹监军。萧仲恭和耶律余睹原本都是辽国的贵族，后来投降金国。宋钦宗天真地认为，通过利益诱惑可以让这两个人为大宋所用。所以，宋钦宗用蜡丸封了一纸书信，让萧仲恭转给耶律余睹，以做内应。但是，萧仲恭出卖了宋钦宗，并把蜡丸献给了金国统治者。

同年八月，金国以宋钦宗“毁约背盟”为借口，再次发动了对北宋的进攻。金军很快攻陷真定，并进而攻打中山，北宋朝廷上下惊骇，然而有些儒臣仍然抱定和议的态度。吕本中的父亲吕好问作为御史中丞，带头弹劾儒臣误国，极力主张奋起抵抗。在儒臣的误导下，宋钦宗罢免吕好问的御史中丞职位，将他贬为吏部侍郎。十一月，金军抵达东京城外，并对东京不断增兵。这时，宋钦宗才如梦初醒，他决定加强对抵抗派的任用。闰十一月初一，吕好问被宋钦宗任命为兵部尚书，与其他将领一道，共同负责东京的保卫。

吕好问担任兵部尚书，吕本中是兵部职方员外郎，父子二人同在兵部任职，这是不符合为官制度的。所以，在父子二人当中，要有一人离开兵部。吕好问刚刚被委以重任，自然不可能离开兵部，那么要离开的只能是吕本中了。最终，吕本中引嫌离开兵部，被朝廷任命为直秘阁，主管明道宫。直秘阁是一种贴职，主管明道宫属于祠禄制度，两者都不是实职。至此，吕本中的为官生涯暂时告一段落，等待吕本中的是颠沛流离的逃难生活。

第三节　靖康之变，流寓江南

靖康之变是金灭北宋的历史大事，它是埋藏在中原人民心中的亡国之耻，吕本中的人生也因此改写。从靖康元年（1126）闰十一月到靖康二年（1127）四月，吕本中被围困在汴京（今河南开封）城内，目睹了金兵攻打汴京的全过程。靖康二年四月，金兵俘虏徽、钦二宗北归，靖康之变告一段落。靖康之变以后，宋高宗登基，南宋开始，吕本中的父亲吕好问被任命为宣州知州，吕本中开始随侍父亲流寓江南，他在颠沛流离中度过了正值壮年的十年。十年间，吕本中经历了父亲的离世，遭遇了众人难以想象的病痛。十年间，吕本中辗转江南东路、江南西路、荆湖南路、广南东路、广南西路、福建路，足迹几乎遍布整个江南，由此可见逃难生活的艰辛。

一、被困围城

靖康元年闰十一月初，大雪纷飞，金兵加紧了对东京开封的进攻。

此时的吕好问刚刚就任兵部尚书，吕本中因避嫌担任祠禄官。在吕好问等人的主持下，第二次东京保卫战打响。此后的二十多天，大雪一直未停，但金军对东京的围攻不断，吕本中被困城中，目睹了无辜百姓遭受的这场沉重灾难。其间，吕本中怀着悲愤的心情写了多首纪事诗，其中一首题为《兵乱寓小巷中作》：

城北杀人声彻天，城南放火夜烧船。
江河梦断不得往，问君此住何因缘？
窜身穷巷米如玉，翁寻湿薪媪爨粥。
明日开门雪到檐，隔墙更听邻家哭。

汴京的战火愈演愈烈，朝廷官员纷纷躲进民巷，与普通百姓混居在一起，吕本中作为官宦子弟，同样也寓居在百姓家。在《兵乱寓小巷中作》这首诗中，吕本中如实记录了第二次东京保卫战某一天从天黑到天明的所见和所感：在汴京城北，金兵屠杀百姓的喊杀声与百姓的哭声响彻天空；在汴京城南，金军趁着夜色烧毁了无数舟船。如今，大敌当前，吕本中归隐江湖的梦想最终破灭了，他禁不住向汴京城内的诸君发问："我们被困在城里，到底是什么原因呢？"这句发问看似简短，但特别值得人们深思，堂堂一个中原国家，如今沦落成这个样子，这到底是谁的责任呢？吕本中没有明说，但这句发问其实表达了吕本中对北宋统治集团的不满。看吧，被困的百姓正在遭受着沉重的磨难，逃到穷巷中的居民饥肠辘辘，小米的价格涨得像珠玉一样贵。老翁出门寻找柴火，然而找到的都是湿柴，老妇用湿柴熬粥，做了很久才把粥熬熟，但粥里的米粒实在太少了，少得都能数清。第二天一早，吕本中推开家门，发现大雪已经积到屋檐。隔着院墙，他又听到邻居家的孩子因为缺衣少吃而放声痛哭。在这个寒冷的冬天，北宋子民经历着世人难以忍受的痛苦。

闰十一月二十五日，金军攻陷东京，第二次东京保卫战失败。东京沦陷后，有一批被冲散的宋军来到东京城内劫掠，这批溃散的宋军因战争杀红了眼，被饥饿冲昏了头，竟然将刀枪对准了自己的人民。里巷里横尸遍野、哀号满地，有的宋军甚至跑到百姓家里搜刮柴米酒食。这天晚上，东京开封的火光从未停息，深达数尺的大雪也没有阻止宋军溃散的脚步。这是大宋军民的悲哀，更是大宋历来轻视军事酿下的苦果。

第二天，金军封锁了东京开封城门，并将军队驻扎在开封城南的青城寨。金军将领经常派一小撮金人到开封城内抢劫，大量金银财物、宫廷仪物、女童、乐工、歌姬被源源不断地输送到金营。闰十一月三十日，金军要求宋钦宗到金营议和。宋钦宗不敢违背，并将降表献给金人。接着，金人在青城寨举行了受降仪式，金军将领要求宋钦宗面北而拜，向金国尽人臣之礼。三天后，灰头土脸的宋钦宗被放回开封。面对大臣和民众的迎接，宋钦宗号啕大哭。

宋钦宗回到朝廷一个月后，金人对宋廷的“要求”再一次不期而至。这一次，金人向宋廷索要金一千万锭、银两千万锭、帛一千万匹、少女一千五百人。宋钦宗不敢怠慢，命令士兵在全城搜刮。然而，宋廷的搜刮速度并没有令金人满足，金人要求宋钦宗再次到金营商谈，如若不答应将纵兵入城抢劫。宋钦宗不敢违背，于靖康二年正月初十第二次赶赴金营，但是宋钦宗这一去就再也没有回来。

靖康二年二月初六，在被扣押将近一个月之后，宋钦宗被废为庶人。

第二天，太上皇宋徽宗被迫前往金营投降，至此北宋的两代君王都成了金国的俘虏。听到这个消息后，吕本中异常悲痛，写下了《丁未二月上旬四首》，他在第四首中这样写道：

主辱臣当死，时危命亦轻。
谋吞豫让炭，肯结仲由缨。
洒血瞻行殿，伤心望虏营。
尚留仪卫否，早晚复神京。

人们常言：君主受辱，做臣子的应该以死效忠；时局危险，人的性命也变得很轻。但是，如果真能用自己的性命为国尽忠，虽死犹荣。东莱吕氏家族世代蒙受北宋皇恩，所以吕本中主张为国尽忠是必然的，并且他还用豫让和仲由的故事来教诲世人。

豫让，东周时期的刺客，他曾经蒙受智伯的尊崇，后来智伯被赵襄子等三家杀害并瓜分其地。豫让为了感激智伯的尊崇，发誓为智伯报仇，刺杀赵襄子。豫让第一次刺杀行动被赵襄子发觉，赵襄子有感于豫让的忠义释放了他。后来，豫让改变了自己的相貌、声音，在全身涂抹上油漆，口里吞下煤炭，乔装成乞丐，伺机报仇，但最终也以失败告终。然而，豫让的忠义得到了世人的尊敬。

仲由，字子路，孔子的弟子，开始在鲁国为官，后来到卫国担任大夫孔悝的家宰。孔悝是蒯聩的外甥，孔悝的母亲是蒯聩的姐姐，而蒯聩则是卫灵公之子、卫出公之父、公子郢之兄。卫灵公去世后，卫灵公夫人想让公子郢即位，公子郢推辞，并让蒯聩之子姬辄即位，是为卫出公。孔悝的母亲想让孔悝帮助蒯聩夺回卫君之位，蒯聩也挟持孔悝壮大自己的势力，发动了一场政变。仲由为了营救主人孔悝，冒死前往卫国国都。在混战中，仲由被蒯聩的下属击落了帽子，仲由说："君子即使临死，也要衣冠整齐。"就在系好帽缨的过程中，仲由被人砍成肉酱，一代忠将就此陨落。豫让和仲由都是为主尽忠的典范，大宋子民都应该向这两位英雄学习。

吕本中回想着豫让和仲由的英雄事迹，不由得登上高处。他伤心地瞻望着皇帝的行宫和金军的营地，捶胸顿足，恨不能血洒汴京。此时此刻，吕本中还是希望靖康之变会发生转机，他自言自语道："皇帝的仪仗和卫士还在吗？京师开封是早晚都要光复的。"

然而，历史并没有给开封这样的机会，金军对开封的搜刮进一步升级，金人灭宋的态度也越来越坚决。为了解决退兵的后顾之忧，金人决定建立一个傀儡政权替代北宋。靖康二年三月七日，金人立张邦昌为"大楚"皇帝，王时雍权知枢密院事领尚书省，吕好问权门下侍郎，徐秉哲权中书侍郎。张邦昌原为宋钦宗的宰相，曾经陪同康王赵构到金营议和，对宋朝赤胆忠心。后来，金人要求北宋大臣商议"新君"人选，尚书员外郎宋齐愈素与张邦昌不睦，于是就举荐了张邦昌。混乱之中，推戴张邦昌成为定议。张邦昌知道消息后，死活不答应，一度想要自杀，金人回复说："如果张邦昌不伏推戴，那么金人将会屠城。"在万般无奈之下，张邦昌登基为帝。但是，张邦昌深知自己的身份，他不敢在正殿办公而是选用偏殿，他不是面南而坐而是面西而坐，他不敢自称"朕"而是称"予"，公文往来时用"手书"而不是"圣旨"。凡此种种，都证明他不敢越分窃据上位，而是用同事之礼处理与朝臣的关系。

然而，在所谓的“大楚”政权中，有些人始终摆不正自己的位置，比如王时雍、王及之、王绍之流，他们自命不凡，独断朝纲，每每以开国功勋、佐命功臣自许，他们的这种行为遭到了很多忠臣良将的不齿。吕本中的父亲吕好问也在“大楚”为官，但是吕好问对大宋忠心耿耿，他到“大楚”为官完全是权宜之计，他希望通过自己的努力，劝说张邦昌将来把政权还给赵氏。为了实现这一目的，吕好问对内稳住张邦昌，对外联系宋徽宗唯一一个逃到外地的儿子康王赵构，并等待还政时机的到来。

终于在靖康二年三月底，金军在搜刮了大量金银财宝之后，决定分两路撤退。三月二十七日，金太祖完颜阿骨打的次子完颜宗望监押着宋徽宗、郑皇后、妃嫔、亲王、公主、驸马、皇孙等众人北归。四月一日，宋钦宗、朱皇后、太子赵谌、宗亲贵戚又在金太祖的堂侄完颜宗翰的监押下北行。几天后，金军撤到黄河以北。四月九日，被封闭了将近半年的汴京各大城门重启，汴京百姓获得了自由。第二天，张邦昌宣布退位，还政赵氏。因为当时康王赵构并没有在汴京，而是以天下兵马大元帅的身份避地济州（治所在今山东菏泽），所以张邦昌在吕好问的建议下请元祐太后垂帘听政。元祐太后是宋哲宗的第一位皇后，一生两度被废，两度复位，经历非常传奇。靖康之变发生时，元祐太后已经第二次被废二十多年了，因为不是正式妃后，所以有幸躲过了靖康之变。就在元祐太后垂帘听政的同时，吕好问马上遣使到大元帅府，希望康王赵构即位为皇帝。五月一日，赵构在宋太祖赵匡胤的龙潜之地南京应天府登基，改元建炎，所以靖康二年从五月一日改称建炎元年。因为赵构后来定都临安（今浙江杭州），临安在开封之南，故赵构建立的宋朝史称“南宋”，赵构即为宋高宗。

宋高宗即位后，吕好问因为有功被任命为尚书右丞。但是，吕好问因为曾经效力伪楚，还是遭到侍御史王宾等人的弹劾。虽然吕好问的忠义早已被宋高宗知晓，但是效力伪楚毕竟是一件不光彩的事，所以吕好问选择了辞官。吕本中自从奉祠以来就一直跟随在父亲吕好问身边，他对父亲的心志是非常了解的。出于对众人弹劾的不忿，吕本中写了一首《无题》：

胡虏安知鼎重轻，祸胎元是汉公卿。

襄阳耆旧唯庞老，受禅碑中无姓名。

胡虏哪能知道中原宝鼎的轻重，祸患来自汉朝内部的公卿。在东汉襄阳的父老当中，庞德公道德最为高尚。在曹丕的受禅碑文中，怎么会有庞德公的名字呢？这首诗看似是在写历史，实际上是在借古讽今。吕本中认为，金国本来不是大宋的对手，祸患其实来自大宋奸臣蔡京、王黼等人。在张邦昌建立伪楚这件事中，王时雍、王及之、王绍等人独揽朝政，分不清是非，也开了历史的倒车，而自己的父亲吕好问虽然参与到张邦昌这件事中，但自始至终都怀着一颗还政赵氏的初心，父亲的内心是光明的，父亲也协助张邦昌完成了还政赵氏的使命。众人对父亲吕好问的误解可以消除了！

事实上，两宋之交，政局动荡，臣子们之间相互猜忌，同僚们对吕好问的误解是很难消除的。建炎元年（1127）七月，吕好问出知宣州，吕本中随侍父亲离开了汴京开封，没想到父子二人自从离开后就再也没有回来。

二、一路向南

建炎元年七月，在这个初秋时节，吕本中离开了汴京。回想在汴京度过的四个年头，吕本中的内心无限感慨。金兵两次攻打开封，给战区百姓带来了深重的灾难，即使是吕氏在阳翟的旧居也被金兵毁坏了。金兵北归后，吕本中曾经写了一组诗《兵乱后自嬉杂诗》，这组诗共有二十九首，其中第十五首这样写道：

一纪幽栖地，宛然高树林。
比邻风雨散，垣屋草莱深。
池面华光歇，井床苔色侵。
衰年筋力弱，阁道罢登临。

政和五年（1115），吕本中的父亲吕好问因为丁内外艰，选择在开封西南两百多里的阳翟定居。靖康元年（1126），面对金兵压境，吕好问被朝廷任命为左司谏、谏议大夫，离开了居住一纪（十二年）的阳翟。在这十二个年头里，吕本中多次在阳翟小住，对阳翟产生了深厚的感情。然而，金兵在靖康年间先后两次包围开封，作为小县城的阳翟也深受其害。在靖康之变中，吕氏家族在阳翟的旧居被金兵毁坏，众多房舍仅剩下框架。寒来暑往，吕家旧居的废墟上长满了杂草，远远望去，好像一片树林矗立在那里。看到这里，吕好问、吕本中父子唏嘘不已。

如今，时局非常不稳定，开封有可能随时遭到金兵的再次侵袭，阳翟旧居也不能居住了，吕本中无家可归，接下来该何去何从呢？还好，吕好问要到宣州担任知州了，追随父亲是一个最好的选择。

吕好问是在建炎元年七月二十一日被任命为资政殿学士、宣州知州的，同年八月十四日，吕好问在南京应天府向宋高宗辞行，宋高宗给吕好问赐茶，并勉励吕好问继续为朝廷效力。就这样，在入朝一年半以后，吕好问到地方任职。

因为社会动荡的缘故，两个月以后的初冬时节，吕好问父子才抵达宣州。宣州，地处江南东路，治所在宣城（今安徽宣城市），宣城号称江南通都大邑。然而，就在吕好问抵达宣城的第十天，绰号为“一窝蜂”的张遇率领数万贼寇攻陷繁昌，而繁昌隶属江南东路太平州，张遇起义军来势凶猛、气焰嚣张，大有震动江东之势。更为紧急的是，太平州与宣州毗邻，身为宣州知州的吕好问面临着保卫宣州的历史重任。还好，吕好问担任过北宋的兵部尚书，参与了第二次东京保卫战的全过程，具有丰富的实战经验。只见他细心擘画，迅速调度，加固城墙，集结军队，派出侦察兵，守住关隘，张遇起义军望风镇服，一个也不敢进入宣州境内。后来，在户部尚书吕颐浩和定国军承宣使韩世忠的劝导下，张遇起义军放下武器投降，吕好问下令解除对张遇的战备，宣州百姓躲过了一场潜在危险。

建炎元年十月，宋高宗将“行在”（临时性的都城，即皇帝临时驻扎之地）从应天迁到扬州。同年十二月，金国兵分三路，第三次南下攻宋，不过此时的宋已经是“南宋”了。建炎二年（1128）七月，驻扎在开封的抗金名将宗泽去世，金国再次发动战略进攻，企图一举灭掉宋朝。此时，与行在扬州相距四百多里地的宣城也成了金兵的潜在攻击对象。

“穷则独善其身，达则兼济天下。”鉴于宣州的危险境地和不被朝廷信赖的既定事实，吕好问决定请祠避难。经过三次上疏，吕好问收到了朝廷的诏书，朝廷任命他提举杭州洞霄宫。所以，在建炎二年初秋，吕本中随侍父亲避地南行。

吕氏父子一行从宣城出发，经泾县、旌德（以上隶属宣州），歙县、休宁、黟县、祁门（以上隶属歙州），浮梁（隶属饶州），最终走出江南东路地界。一路上，吕本中写了许多纪行诗，如《题泾县水西》《祁门道中四首》等，这些纪行诗详细记载了吕本中南下路上的所思所感。在经过旌德地界时，正值重阳节，吕本中为此还写了一首《南歌子》词：

驿路侵斜月，溪桥度晓霜。短篱残菊一枝黄。正是乱山深处、过重阳。

旅枕元无梦，寒更每自长。只言江左好风光。不道中原归思、转凄凉。

按理说，宋代是词繁荣兴盛的时代。可是，相对于词而言，吕本中更加偏好写诗。目前，我们能见到的吕本中词仅有二十七首，这首《南歌子》词表达了吕本中流落江南的中原归思。夜月斜照官道，清晨寒霜铺桥，吕本中奔波在逃难的路上。如今，篱笆旁的残菊黄了，吕本中想到重阳佳节到了。可是，这个重阳节还能算作佳节吗？吕本中晓行夜宿，但每夜都不能安然入睡，听着凄清的更鼓声，吕本中愈加觉得秋夜是那么的漫长。人们都知道江东是一片好风光，可是他们不知道的是中原的归思化作一片凄凉。唉，家国之恨，漂泊之思，令人无限悲伤。

面对季秋的凄凄之景，吕本中的内心无法平静。伴随着这种内心波动，吕好问、吕本中父子离开江东，来到江西。他们经过进贤县，来到洪州（今江西南昌），旋即从洪州渡过西江（即赣江），一路向西而去。

时光飞逝，斗转星移，转眼间到了建炎三年（1129）春天，吕本中一行来到筠（yún）州（治所在今江西高安）暂住。筠州，隶属江南西路，因盛产筠篁（又名瑞竹）而得名。这年夏天，筠州一带淫雨霏霏，吕本中叫苦不迭，他不禁在诗中发出了“盛夏苦雨成淫霖”的感叹。到了秋天，雨季结束了，吕本中一行决定离开筠州。在离开筠州之际，吕本中写了一首

《离筠州》：

旧日闲居日，无悰已倦游。

如今避地走，不复为山留。

淮甸初经夏，江西复度秋。

今朝小亭望，东北是筠州。

吕本中原本非常喜欢闲居，寄情山水也是他的理想所在，因为做官让他很不快乐，所以他对游宦生涯也感到很厌倦。如今，因为逃难的缘故，他摆脱了为官的羁绊，每天与山水为伴，可是山水想留住他，他却不敢在某地久留，所以长期的奔波成了他生活的常态。回想建炎元年夏天，吕本中离开开封，经淮河一带辗转抵达宣城。到了建炎二年秋天，吕本中又从江东来到江西。如今是建炎三年的秋天，金国再次兴兵侵宋，战火继续蔓延，吕好问、吕本中父子不得不再次逃难。因为宋金交战的主战场在筠州的东北方向，为了远离战火，他们把逃难的目的地设在西南方向。

秋末冬初，落叶满地，吕本中一行从筠州到袁州，再从袁州抵达醴（lǐ）陵。醴陵隶属于荆湖南路的潭州，所以从醴陵开始，吕本中已经进入湖南境内。潭州的南部依次是衡州和郴（chēn）州，吕本中本来是要应故人之约到郴州的，但是因为群盗蜂起，他不得不放缓了脚步。在等待盗患平息的日子里，吕本中一行游览了位于湘水之滨的南岳衡山，衡山的风貌深深打动了吕本中。从衡山上下来，吕本中一行继续向南。就在这时，吕本中一家收到了两则消息，一则以喜，一则以忧。喜的是，吕本中的父亲吕好问在冬至时节被加封为东莱郡侯。忧的是，金国将领完颜宗弼率领金兵渡过长江，攻入江西、湖南等地。按道理来讲，进封郡侯是一个家族的荣光，每个家族成员都应该感到喜悦，但是听到金军攻入湖南的消息后，吕好问、吕本中一点也高兴不起来。作为手无缚鸡之力的士大夫，他们目前要做出的决策是继续南逃。

建炎四年（1130）元日，在这个本该万家团圆的喜庆之日，吕本中一行逃难到郴州宜章。为了纪念这个特殊的新年，吕本中写了一首《宜章元日》：

东风初解冻，桃李已经春。
避地逢鸡日，伤时感雁臣。
湖南驰贼骑，江外践胡尘。
憔悴成无用，虚烦泪湿巾。

在这首诗的颔联当中，有两个带动物的专有名词，即“鸡日”和“雁臣”。古人认为鸡具有文、武、勇、仁、信五德，将其称为“五德之禽”，故以正月初一为鸡日。“雁臣”一词源自北魏杨衒之的《洛阳伽蓝记》，书中说：“北方少数民族的首领派遣使者到中原觐见，常常是秋天来春天走，以此来躲避中原的炎热，时人将这些使者称之为‘雁臣’。”吕本中由“雁臣”联想到金兵每次进犯大都是秋来春归，这些金兵就像雁臣一样，所以吕本中为此而感到悲伤。

因为金人的铁骑还在肆虐湖南，吕本中的这个新年是注定过不好了，来不及休整和庆祝新年，吕本中一行继续向南逃离。在吕本中南行过程中，金兵包围了潭州长沙（今湖南长沙），潭州是吕本中几个月前刚刚到过的地方。建炎四年正月底，吕本中一行越过南岭，来到了连州阳山。连州隶属于广南东路，正月、二月时气温已经很高了，降雨量也很丰富，但大雨之后有可能带来大寒，吕本中在二月就遇到了一场大风雨，他在长诗《阳山道中遇大风雨暴寒有感》中这样写道：

岭南二月春已尽，百花委弃随风吹。

山前山后绿阴满，已过中原初夏时。

不知何气忽乖沴，风雨夜作雷乘之。

鞭笞宇宙敝日月，万象倒错藏光辉。

…………

明朝风定寒亦解，收召魂魄寻归期。

涧毛自可荐筐筥，试出苦语令神知。

岭南是一个不平凡的地方，在二月春天已经过去，其气候就像是中原初夏时的模样。吕本中行走在阳山道中，突然遇到了一场暴雨，在这场暴雨中，狂风大作，电闪雷鸣，忽然让吕本中有“万象倒错”之感。大暴雨之后，气温骤降，吕本中在一天之内就把大半年的温度感受了一遍，这种冷热剧变让吕本中心魂不定，他希望尽快找个机会返回岭北。

三、北归南返

建炎三年、四年之交，宋高宗赵构漂泊于台州、温州的近海地区，就在这时完颜宗弼率领金军占领了建康（今江苏南京）、杭州。建炎四年二月，在孤军深入、腹背受敌的情况下，完颜宗弼下令将杭州付之一炬，并准备渡江而归。然而，在宋将韩世忠的阻截下，金军被困在位于建康东部的镇江。在建康与镇江之间有一片湖叫作“黄天荡”，韩世忠率众在黄天荡截击金军，致使金军被困40天，后来金军采用火攻击败宋军，始得渡江而去。后来，人们将宋金两军在黄天荡的战役称为“黄天荡之战”。

建炎四年清明前后，金军北撤，湖南境内归于平静，不适应岭南夏天的吕本中自阳山北归。在北归途中，吕本中写了《连州阳山归路三绝》，其中第二首这样写道：

稍离烟瘴近湘潭，疾病衰颓已不堪。

儿女不知来避地，强言风物胜江南。

因为岭南的山林多湿热和蚊虫，外来人一到这里就水土不服，身体虚弱，多得病疟，所以岭南自古以来就被称为“烟瘴之地”。吕本中本来就体弱多病，一来到岭南，病情就更加严重。吕本中的父亲吕好问如今也是六十七岁的老人，对于岭南的瘴气也是难以承受。所以，在金兵北撤的情况下，吕本中一行决定北返。然而，吕本中的儿女却不知道这是在避难，他们硬说岭南的风光比江南（这里的“江南”特指长江到南岭之间的区域）还好。据考证，吕本中长大成人的孩子有两子一女：长子吕大猷（1116—1186），字允升；次子吕大同（1121—1159），字逢吉；一女，不知名讳，嫁给右朝奉大夫曾逊。另外，吕大猷生子吕祖仁，吕大同生子吕祖平（1155—1228），吕大同还有一女嫁给迪功郎曾棐（fěi）。

建炎四年端午时节，吕本中行至连州斛岭，再往北走就是湖南境内。在即将离开连州之际，吕本中写了一首诗寄给在连州的朋友，这首诗就是《端午日北还至斛岭寄连州诸公》：

岭上逢端午，随家更北征。

隔村闻贼斗，通夕畏蛇行。

厌病初辞瘴，冲泥却胜晴。

犹怜昌歜酒，不与故人倾。

吕本中一行在翻越南岭时，适逢端午佳节。在这个重要的节日里，吕本中一家却在艰难地北行。行到斛岭寨时，吕本中听到了隔壁村闹格斗的消息，他们不敢张扬，趁着夜色悄悄前行。吕本中还对连州的朋友说，因为衰病和瘴气，他不得不离开连州，如今即使在泥里行进也比遭受毒热好一些。唯一让人遗憾的是，在这个端午佳节，他不能和朋友们一起喝菖蒲酒了。吕本中的信写得情真意切，想必连州朋友在收到这封信的时候也会为吕本中的遭际和真情落泪吧！

这年夏天，吕本中来到道州江华县避暑。道州西邻全州，南接贺州，东南方向就是连州。在这四州中，道州和全州属于荆湖南路，连州隶属广南东路，贺州隶属广南西路，这四州是三个路的交界地带，而吕本中在以上四州都暂居过，生活的艰辛可想而知。在道州江华的这段日子里，吕本中一家寓居在山上的一座寺庙中，吕本中的《寺居即事三首》记录了他们的寺居生活，其中第二首这样写道：

因循过岭表，忽复到湖南。

气力浑非旧，情怀老不堪。

无钱供痛饮，因病废清谈。

尚有寻书僻，穷搜未免贪。

吕本中在江华某寺居住时，面临着“四大煎熬”：第一，恐战。万一金兵猛然南下或者盗贼突然袭击，吕本中一家的人身安全不能得到保证。第二，衰病。吕本中的多病和父亲吕好问的衰老是一个既定事实。第三，贫困。无钱痛饮，无米下锅，一家人面临着食不果腹的生活危机。第四，无书。吕本中作为一个文人，没有书可读，一路奔波也不允许他带那么多书，无书可读使吕本中得不到精神食粮的慰藉。这“四大煎熬”一直贯穿吕本中在江华寺居的全过程。

建炎四年秋，吕本中在江华寺居的日子结束了，因为宋金之间的战争再一次爆发了。这次宋金之争包括两大战场，东部是淮东战场，西部是川陕战场。在淮东战场，金军迅速占领了扬州、承州（今江苏高邮），包围了楚州，形势十分危急。在川陕战场，通过富平之战，金军击败了宋朝的五路大军，宋军处境堪忧。在这样一种形势下，吕本中一家不得不考虑再次逃难。

这年深秋，吕本中一行先逃到全州。到全州以后，吕本中见到了自己的故友解子中和向伯恭，解子中其人不详，向伯恭即宋代著名词人向子諲（yīn，1085—1152）。在三人相会之际，吕本中写了一首《全州与解子中向伯恭相会》，其诗曰：

五年流落判西东，尚喜交游一再逢。

但得低头拜东野，不妨下卧见元龙。

中原极目山千叠，往事伤心酒一钟。

如我支离久无用，敢因穷约废过从。

从靖康元年困居京城到如今，吕本中已经有五年没有过过安稳日子了。在颠沛流离中，吕本中度过了一个又一个艰难时刻。然而，令人欣喜的是，在逃难的路上，吕本中和解子中、向伯恭等老友一再相逢。吕本中非常仰慕解、向两人，他把这两人比作唐朝的孟郊和东汉的陈登。孟郊，字东野，是著名的苦吟诗人。韩愈与孟郊友情深厚，曾专为孟郊写了一首杂言诗《醉留东野》，诗中说：“低头拜东野，愿得终始如駏蛩（jù qióng）。”意思是，韩愈非常钦佩孟郊，他甘愿低头向孟郊下拜，希望永不分离，如同相依为命的駏和蛩。駏即駏驉（xū），蛩即蛩蛩，据传駏驉与蛩蛩是一对形影不离的异兽，人们常用此比喻感情真挚的朋友。陈登，字元龙，是东汉末年胆识超群的俊杰。有一次，刘备与许汜、刘表在一起谈论陈登的为人。许汜说：“从前兵乱时，我经过下邳，到陈元龙府上拜见他。陈元龙对我冷冰冰的，他径直上大床上睡觉，而把我安置在下床。”刘备说：“您虽然有国士的名声，但是目光短浅，言语庸俗，这是陈元龙所鄙视的。如果换成我，我就要睡在百尺楼上，而让你睡在地上，哪里仅仅是上下床的区别呢？”由此可见，陈登、刘备都是有胆有识、志向远大的人。吕本中用这两个典故体现了他对解子中、向伯恭的深深敬仰之情。

建炎四年冬，吕本中一行从全州越过南岭来到贺州，这是吕本中再一次返回岭南。来到贺州后，吕本中听到了好友席益、陈与义即将来到贺州的消息。兴奋之余，吕本中写了一首诗，是为《贺州闻席大光陈去非诸公将至作诗迎之》：

五年避地走穷荒，岭海江湖半是乡。
欢喜闻君俱趣召，衰颓如我合深藏。
晓寒已静千山瘴，宿雾先吞万瓦霜。
日日江头望行李，几回驱马度浮梁。

席益，字大光，洛阳人，建炎四年五月以徽猷阁待制试中书舍人。但因为战乱，席益不能到行在觐见宋高宗，而要先到贺州避难。陈与义

（1090—1138），字去非，也是洛阳人，同时还是两宋之际著名的诗人，与吕本中志趣相投。建炎四年秋，陈与义被朝廷任命为兵部员外郎，同样是因为战乱的原因，陈与义也选择到贺州避难。听到席、陈两位被朝廷任命的消息后，吕本中真心为他们感到高兴，同时也为自己的衰颓感到一丝丝惆怅。如今是隆冬时节，北方早已结冰，岭南也已经染霜，同时早晨的寒气锁住了山林里的瘴气，所以这个时节居住在岭南是非常合适的。吕本中非常渴望两位好友的到来，他每天都到江头迎接羁旅之客，期望在这些旅客中等到他的好友。后来，席益、陈与义来到了贺州，好友三人相互唱和，度过了一段久违的美好时光。

建炎四年，宋高宗升明州为绍兴府，并将次年的年号改为“绍兴”，取其“绍祚中兴”之意。绍兴元年（1131）新年，“绍兴”年号启用，然而就在这时，金军侵宋的消息再次传来，吕本中一家紧急离开贺州，一路向南到达康州（又作晋康，今广东德庆）。康州，位于广南东路，隔南恩州直抵大海，吕本中一家为了避难从开封来到南海之滨，其艰辛可知，其毅力可赞。

绍兴元年初夏，还是因为难以忍受瘴气，吕本中一行决定北返，又因为岭北战乱和吕好问年事已高的缘故，吕本中一行来到桂州避难。桂州，隶属广南西路，桂州风景秀丽，素以山清水秀、洞奇、石美著称于世。初至桂州，吕本中写了两首诗《初至桂州二首》，其中第一首说：

连年走遐方，所至若邮传。未论道艰阻，先问米贵贱。

贼势来未已，行役我已倦。解鞍憩空馆，敢叹此异县。

清泉上短绠，一洗尘垢面。瘴疠非不深，美酝良可恋。

靖康之变以来，吕本中从开封逃难到远方，到过的地方数都数不过来，因为一直在行进当中，所以那种状态跟邮差很相像。长期的逃难，让吕本中一家几乎失去了经济来源，吕本中和父亲吕好问那点微薄的祠禄官俸很难养活这个大家族。所以，与道路的险阻相比，吕本中一家更怕的是柴米油盐的昂贵。如今，岭北的战乱还没有平息，但吕本中早已对这种逃难生活感到厌倦。还好，他们来到风景秀丽的桂州。当解下马鞍就要在空荡的驿馆小憩时，吕本中带着揣测而又惊讶的语气感叹道："这里真是一个独特的地方啊！"小憩过后，吕本中用短绳提了一桶清冽的泉水，一家人用泉水洗掉了脸上的灰尘和污垢。最后，吕本中评价说："因为是岭南，这里的瘴气不能说不深，但是这里用清泉酿制的美酒实在是太让人留恋了。"这说明，经过综合考量，吕本中一家已经喜欢上了桂州。

然而，"天有不测风云，人有旦夕祸福"。绍兴元年七月初三，在到达桂州不久，吕本中的父亲吕好问去世了，享年六十八岁。讣告传到朝廷，朝廷诏赠吕好问为太师，谥功德碑为"元静惠安"，抚恤品在常礼的基础上又额外增加了五百匹帛。而且，根据门荫制度，吕好问的堂弟吕言问被朝廷任命为桂州通判。吕言问（1080—1142），字若谷，吕希绩之子，与元祐太后孟氏有姻亲关系。靖康之变时，金国扶持张邦昌建立了伪楚政权，作为世受大宋国恩的吕好问，他一面与金人周旋，一面稳住张邦昌。靖康之变后，张邦昌的伪楚政权宣告结束，吕好问希望迎请元祐太后垂帘听政，并恭请康王赵构登基为帝。为了诚恳地打动元祐太后，吕好问派堂弟吕言问以亲戚的身份前往元祐太后住所，最后元祐太后被接回宫中，赵构登基为宋高宗，吕好问、吕言问兄弟俩用他们的实际行动推动了大宋江山的延续。所以，尽管吕好问有效力伪楚的行为，但宋高宗对吕好问感激有加，给吕好问加恩赠官，并任命吕言问为桂州通判。同年八月初八，吕好问的灵柩被葬到桂州城南的龙泉，吕本中居住在桂州服丧。

因为服丧，吕本中有一年半的时间居住在桂州，这是吕本中自逃难以来待的时间最长的一个地方。在居桂期间，吕本中也时刻关注着时局。绍兴二年（1132）闰四月，岳飞在贺州大破曹成，吕本中听到这个消息后，与文人开展了唱和活动，后来他按照韩端卿的韵写了一首和诗，题为《闻岳侯破贺州贼次韩端卿韵》：

旌旗摩日甲生光，俘馘黄巾第几方。
灭贼未须占斗蚁，破胡行且见神狼。
燕然刻石功昭汉，太华题诗事后唐。
从此儿童传姓氏，风流何止继韩康。

绍兴二年，贼寇曹成在道、贺两州发动叛乱，朝廷任命岳飞权知潭州，兼权荆湖东路安抚都总管，让他招安曹成。曹成等贼寇久闻岳飞的威名，他们不禁感叹道："哎呀，岳家军要到了。"说着，曹成等四散而逃。此次，岳飞南下的任务是要招安曹成，但是曹成只管逃跑而不投降，岳飞决定通过计谋迫使曹成投降。兵进贺州，岳家军抓获了曹成的间谍，岳飞向曹成的间谍透漏了岳家军弹尽粮绝的假情报，并暗地里送曹成的间谍逃走。曹成听说后，信以为真，并发兵追击岳飞。孰料等曹成率众抵达战场时，却遭到了岳家军的反攻。虽然岳家军只有八千人，而曹成有十多万人，但在其他部将的联合下，岳飞进军追击曹成，最终迫使曹成投降。

曹成投降后，岳飞的美名传播到岭南岭北，两广和湖湘也归于平静。

绍兴二年冬天的一个夜里，吕本中辗转反侧，难以入眠，他又思念起中原故土。然后，他写了一首《夜坐有感》，诗中发出了“中原北望四千里，三年不见南飞雁”的感叹。此时此刻，他还生活在岭南，中原与岭南相隔四千里，那真是一个遥远的距离啊！如今，吕本中已经有三年没有看到过南来过冬的大雁了。这是为什么呢？东汉张衡在《西京赋》中说：“上春候来，季秋就温。南翔衡阳，北栖雁门。”北宋范仲淹在《渔家傲·秋思》中说：“塞下秋来风景异，衡阳雁去无留意。”据传，大雁南飞，最远飞到衡阳，再往南就飞不过去了，因为有衡山阻挡。建炎三年冬，吕本中离开了衡州。建炎四年元日，吕本中抵达郴州宜章，从那时到现在，吕本中完全在衡山以南逃难，所以他已经有三年没见过大雁了。怀着故国之思，吕本中决定再度越岭北归。

四、再度北归

绍兴二年年底，怀着对故土的思念，吕本中决定再度北归。绍兴三年（1133）初春，吕本中携带妻儿越过南岭，即将行至道州江华县。江华是吕本中在建炎四年夏天居住过的地方，他在江华有一些老朋友，朱成伯就是其中的一位。在到达江华之前，吕本中给这位老朋友写了两首诗，题为《过岭将至江华先寄朱成伯二首》，其中第一首这样写道：

自怪匆匆来往忙，又携儿女过湖湘。

敢言此地能安稳，且道新年离瘴乡。

之前，因为宋金旷日持久的战争和南宋境内起义军的不断起义，吕本中一直在匆匆逃难。如今，曹成起义军已经瓦解，南宋在川陕的防务趋于稳固，地处江南的湖湘和江西暂时获得安全。怀着对江南故土的热切思念，吕本中来不及认真准备，再一次匆匆出发，越岭北上。虽然这次出发也是匆匆的，但与之前的匆匆逃难相比，心情自然不同。绍兴三年（1133）初春，吕本中携带着两儿一女来到湖南境内，儿女们对这次北归还有一些不解，吕本中轻轻地对孩子们解释道："孩子们啊，如今的湖南是一个非常安稳的地方，我们住在这里绝对放心。而且，春天到了，夏天也就不远了，早早远离岭南的瘴气，对于我们度夏也有很大的帮助啊！"听到这里，孩子们若有所思地点了点头。

大约半个月后，吕本中抵达了道州江华，并与好友朱成伯会面。然而，吕本中的终点站并不是江华，在江华进行了短暂休整后，吕本中继续北行了。初夏时节，吕本中一行来到了湖南永州的治所零陵。在零陵城北的潇湘门内有一座法华寺，在法华寺旁有一座西亭，该亭建于唐代文学家柳宗元被贬永州期间，柳宗元曾作诗《构法华寺西亭》、文《永州法华寺新作西亭记》以纪念这件事。吕本中在到永州零陵之前，就听说大文豪柳宗元曾为西亭写下诗文。到达零陵以后，吕本中迫不及待地慕名到西亭游览，游览之后，他也写了两首诗，即五言古诗《永州西亭》和七言律诗《永州法华寺西亭》。《永州西亭》是一首长达三十四句的诗，诗中这样写道：

旧闻西亭胜，独盛湘湖间。
山秀水亦好，千里在凭栏。
今来乃不然，眼境故未宽。
环城但浊水，满目唯荒山。
如何柳司马，肯为此解颜。

始知忧虑久，方觉所遇安。

我从避地来，山水亦饫观。

初不厌岭峤，况敢嫌荆蛮。

徘徊念昔人，亦作故意看。

…………

过去，吕本中听说西亭是一个风景优美、山清水秀的地方，其优美的程度堪称“湘湖之盛”。如果你站在西亭，凭栏眺望，湖南的大好江山都会尽收眼底。然而，通过实地游览，吕本中觉得西亭并没有大家说得那么好，视野也没有那样宽，环城都是污水，满眼只有荒山。吕本中不明白：为什么被贬为永州司马的柳宗元会对一座普通的亭子这么倾心，是什么理由让柳宗元见到这座亭子就开颜欢笑呢？经过反复思索，吕本中明白了其中的缘由：一个人忧虑的时间久了，他的心态会发生重大变化，心态变了，观景的感受也就变了。建炎元年，吕本中避地南行，在六七年的时间里，他用自己的脚步丈量了江南的大好山河。起初，吕本中非常厌恶岭南，如今他虽然还是受不了岭南的瘴气，但对岭南并不那么厌恶了。岭南比湖南的环境恶劣百倍，吕本中对岭南不再厌恶了，他难道会嫌弃湖南吗？不会的，他对湖南充满了亲切感。由此可见，在对景色的感观上，吕本中与柳宗元达成一致，所以吕本中把唐代的柳宗元当作故交旧友看待。

离开零陵，吕本中一行继续北行，没多久，他们抵达了永州祁阳县。祁阳有一条溪流叫浯溪，浯溪是湘水的支流，浯溪两侧是陡峭的峰峦，吕本中泛舟其间，并作有咏史诗《浯溪》一首：

五月行人汗如雨，意绪昏昏杂尘土。浯溪一见中兴碑，便有清风濯烦暑。

中兴之业诚艰难，敢作汉武周宣看。纷然大历上元间，文恬武嬉主则孱。
但知追咎一禄山，袖手不作如旁观。天亦未使庸夫干，故生李郭在人间。
一时节士张许颜，其谁不知唐已安。道州落笔风雨寒，鲁公大书镇百蛮。
诃叱水怪摧神奸，有臣若此亡所叹。而不能使君心还，我来转岭逾千盘。
对此凛然清肺肝，想见群小遭讥弹。尔曹何心犹诞谩，至今怒发常冲冠。

唐肃宗上元二年（761），唐代著名的散文家、诗人元结（719—772）写下《大唐中兴颂》，记述安史之乱。唐代宗宝应二年（763）正月，安史之乱被平定，这一年元结出任道州刺史。在路过祁阳溪流时，元结将这条溪流命名为“浯溪”。为什么有此命名呢？原来，元结发现这里风景奇特，“唯吾独有”，于是就自造了“浯”字。唐代宗大历六年（771），由元结撰文、颜真卿手书的《大唐中兴颂》被镌刻在浯溪石崖上。浯溪也因有独特的自然人文景观而被称为“浯溪胜境，雄冠三湘”。吕本中游览了浯溪，欣赏了中兴碑，他对中兴碑赞不绝口，并称其有降温消暑之功效。原来，安史之乱的平定引起了他对历史的追忆和对现实的思考。想当年，安禄山、史思明进犯中原，唐玄宗仓皇西奔，大唐江山危在旦夕。万幸，天不亡大唐，武将李光弼、郭子仪奋起反击，文官张巡、许远、颜真卿以身许国，文官武将精忠报国，大唐国祚得以延续。现如今，吕本中生活在宋金战争时期，如果君臣同心同德，小人无处藏身，众人齐心协力，收复中原还会那么艰难吗？然而，理想是美好的，现实却是残酷的，南宋君臣并不能做到同心同德，一方面抵抗派坚持抗金、至死不渝，另一方面投降派不断掣肘、偏居一隅。面对报国无门的落魄局面，抵抗派特别气愤、怒发冲冠，恨不得在战场上与金军一决雌雄。作为祠禄官，吕本中是“靠边站”的官员，在官场上发挥不了什么作用，但在思想上倾向于抵抗派。所以，面对浯溪石崖上的《大唐中兴颂》，吕本中写了一首咏史诗《浯溪》以表明自己的心迹。

离开永州祁阳后，吕本中一家折向东北。绍兴三年秋天，在途经衡州、吉州之后，吕本中来到了抚州的治所临川。抚州隶属江西，北接江西洪州，东临江东饶州、信州，其中饶州、洪州是吕本中逃难时曾经路过的地方。临川是一个人杰地灵的地方，北宋文学家兼政治家晏殊、王安石出自临川，自晏殊、王安石之后，临川出了很多文人，吕本中的许多朋友也都居住于此。吕本中在临川待了一年，这段时间在他的逃难生涯中也算比较长的了。在临川期间，吕本中与很多文人交游并从事了一些文学活动，比如为谢薖（kē）的文集题跋，与钱伯言、曾纡、韩驹结社唱和等。此外，吕本中还在临川收聚弟子，登坛讲学，这些弟子后来成为吕本中衣钵的重要传人。

绍兴四年（1134）三月，江西安抚大使兼知洪州赵鼎（1085—1147）升任参知政事。在入朝之前，宋高宗命令赵鼎荐才，赵鼎按照要求将王居正、吕祉、董弅、林季仲、朱震、范同、吕本中等人举荐给朝廷。当时，赵鼎和吕本中同居江西，两个人年龄相仿、志趣相投、思想一致，所以赵鼎举荐了吕本中。荐举名单上奏后，宋高宗诏令三省根据需要任用这批人。三月甲戌日，直秘阁、主管台州崇道观的吕本中被任命为尚书祠部员外郎。祠部员外郎为正七品，与祠部郎中共同掌管祭祀、占卜、天文、漏刻、庙讳、医药等事宜。但是，金兵南侵、国难当头，吕本中不愿意从事祠部事宜，他更愿意做一些实事，所以吕本中以患病为由，请求辞去祠部员外郎一职。一个多月以后的四月丙午日，朝廷下令：“尚书祠部员外郎吕本中依旧直秘阁、主管台州崇道观。”

绍兴四年秋冬之交，吕本中决定到福建寓居，适逢青年学子杨蒙秀才要到乐平去。在临别之际，吕本中为杨蒙秀才写了一首赠别诗《送杨蒙秀才往乐平》，诗中说：

我有闽粤役，君成江浙行。
穷途一回首，岁晚倍伤情。
佳气占行在，妖氛是贼营。
如何抱奇策，不一请长缨。

“闽粤”，即广东、福建，在这里偏指福建；乐平县，隶属江南东路饶州，江南东路东临两浙路，两路连称“江浙”。所以，诗中说“我有闽粤役，君成江浙行”。“穷途”化用的是阮籍“穷途之哭”的典故。阮籍，魏晋“竹林七贤”之一，是一个放荡不羁、不守礼法的人。阮籍喜欢驾车，想去哪去哪，但从来不走正路，前方没有路了，就痛哭而返，所以后人用“穷途”比喻令人悲哀的末路和仕途。从靖康元年到现在，吕本中已经有八年没有正式做官了。绍兴四年三月，吕本中被任命为祠部员外郎，但这个职务并不是吕本中想要的，所以他很快就辞职了。那么，吕本中想从事什么职务呢？诗中说：“如何抱奇策，不一请长缨。”这两句诗不仅是对杨蒙秀才的勉励，同时也是吕本中的自我期许。吕本中心系苍生，他想为宋金战争出谋划策，他也期待着南宋在这场战争中取得伟大胜利。如今，吕本中就要东下福建了，福建路北邻南宋行在临安府的所在地两浙路，吕本中期望能在福建寻找到为国尽忠的政治机遇。

五、东下福建

绍兴四年秋冬之交，吕本中一家离开了临川，在穿越了层层山峦、渡过了条条江河以后，他们最终抵达了福州。因为生活困窘和不想为俗事所累，吕本中一家决定到福州东山的寺庙居住。在静谧的环境里，吕本中认真思索着自己的过去和将来。有一天，他似乎有所感悟，于是就写下了《郊居》一诗：

纷纷俗驾不容攀，尚喜郊居绝往还。

野寺并冬终日雨，客房无事一秋闲。

平生谈说舌犹在，病起凋疏鬓已斑。

始悟庄周太多事，处夫才与不才间。

吕本中初来福建，按道理他应该多结交一些朋友，但此时的吕本中心系朝廷、胸怀大志，他不想把大量时间浪费在俗务上。因为居住在闹市里，每天都要与来人应酬，但是居住在郊外就会免去很多俗务，所以吕本中选择了居住在郊外。这年冬天，吕本中一直生活在郊外的寺庙里，雨水经常光顾这里，到寺庙的香客很少，吕本中度过了一个平静的冬天。

闲来无事，吕本中读起了老子的著作和逸闻，这些著作和逸闻很有哲理，吕本中对此进行了细心的品读和玩味。老子是春秋时期道家学派的创始人，他有一位老师叫商容。有一天，老子去看望年老体衰、行将就木的商容，他向商容请教道：“先生，人生百年，您悟出了什么道理啊？可以传授给弟子吗？”商容没有正面回答，而是张口问道：“老聃，你看我的舌头还在吗？”老子说：“还在。”商容又问：“那么，我的牙齿呢？”

老子说："没有了。"商容接着问："那你明白其中的道理了吗？"老子略加思索，然后说道："难道是柔弱的事物比刚强的事物生存得还要长久吗？"商容笑着说："是啊，是啊，天下的道理都在这里了！"商容是一个年迈的老者，他的牙齿都掉光了，但他的舌头还在，他通过这个事例向老子阐述了"柔弱胜刚强"的道理。如今，吕本中也是一个五十一岁的长者了，他时常患病，头发花白，牙齿疏松，但舌头犹在，所以他对"柔弱胜刚强"的道理体会得越来越深刻了。

除了研究老子，吕本中还阅读了《庄子》。《庄子·山木》一篇记录了庄子到山中游历和走出大山的见闻。有一天，庄子和弟子到山中游历，他们看到一群伐木人在伐木。有一棵树挺拔笔直、直入云霄，可是伐木人纷纷绕开了它，庄子询问其故，伐木人说："这棵树空有其表，没有用处，我们砍伐它不是白费力气吗？"走出大山以后，庄子一行寄宿在朋友家。为了款待大家，庄子的朋友让仆人去杀鹅。庄子的朋友养了两只鹅，一只会叫，一只不会叫，仆人问："杀哪一只呢？"庄子的朋友脱口说道："当然是杀那只不会叫的。"第二天，弟子们问庄子："山里的大树因为'不才'得以长命，而主人家的鹅因为'不才'惨遭杀掉。先生，面对'才'与'不才'，您将怎么自处呢？"庄子笑着说："我将处在'才'与'不才'之间。不拘守于一方，这样才可以免于世累，而且这样的处境才最接近大道！"俗话说："活到老，学到老。"吕本中正是通过阅读和反省不断提高自己的境界和修养。

吕本中在福建居住了将近两年，两年来吕本中没有经受战乱之苦，他的内心暂时获得了安宁。两年的时间里，吕本中主要做了两件事情：第一，与友人唱和。第二，设坛授徒。东莱吕氏家族是一个文化世家，吕本中作为吕氏子孙自觉肩负起了传播中原文化的重任，他用自己的亲身实践履行了前辈张载“为往圣继绝学，为万世开太平”的光荣使命。

吕本中在福建生活了两年，但福建地处南宋的东南一隅，吕本中很难见到自己的亲人。为了表达自己的相思之苦，吕本中通过诗歌的形式写了很多家信。绍兴五年（1135）春，吕本中相继写了《寄范四弟十弟》《春日纪事寄内外诸弟三首》《寄诸弟》等诗。在这些诗中，内弟指的是吕姓自家兄弟，而外弟指的是异姓表弟。在《寄范四弟十弟》中，吕本中这样写道：

俗事纷纷如乱麻，又扶衰病转天涯。
文章老矣思吾弟，头角崭然胜外家。
异味几回占食指，远书终夕望灯花。
何时更住城南寺，共听春池两部蛙。

诗中的范四弟十弟都是范祖禹之孙，因为范祖禹是吕公著的女婿，所以范祖禹的孙辈与吕公著的重孙吕本中平辈。吕本中写信告诉两位范表弟，为了躲避俗事，他拖着病体来到了福建。有一天，吕本中收到了两位表弟寄来的文章。吕本中发现他们的文章老到、文采斐然，按照这种趋势，两位表弟崭露头角、胜过自己是早晚的事。吕本中在这首诗中还回忆了他和两位表弟一起吃美味和到城南寺游玩的往事。吕本中多么希望他们能再去一次城南寺啊，坐在池塘边倾听蛙鸣真是一件令人神往的事情！然而，如今宋金之间的战争还没有结束，兄弟们不知道什么时候才能够再见面了。

绍兴五年初秋，吕本中又为亲人朋友写了两首诗，分别为《寄计议弟张彦实钱元成夏庭列》和《寄内弟并示仲辅诸公》。其中，计议弟是吕本中的四弟吕用中（1091—1162），因为吕用中在绍兴三年以右迪功郎监华州西岳庙任枢密院计议官，故称。除了四弟吕用中，吕本中还有三弟吕弸中（1090—1146）、五弟吕忱中（1100—1162）在世，《寄内弟并示仲辅诸公》一诗就是吕本中写给他的几位弟弟的，他在这首诗中写道：

江浙音书绝不闻，每逢时节叹离群。

一秋多病常嫌客，短日无聊只闭门。

浅学未容窥易象，旧书懒复诵玄文。

莫言耆旧凋零尽，海内交游尚数君。

此时此刻，吕本中的弟弟们生活在江浙一带，由于山川和战火的阻隔，吕本中已经很久没有收到弟弟们的来信了。每逢佳节，吕本中就感叹自己像离群的大雁一样。期盼团圆，但又不能团圆，这成了吕本中内心难以抹掉的伤痛。在这首诗中，吕本中还向弟弟们介绍了自己的生活近况。他告诉弟弟们："入秋以来，我的病症又加重了，因为病痛，我懒得与外界交流。天渐短，夜渐长，我常常关闭院门，独自一人忍受病痛的煎熬。为了打发时光，我经常读一读《易经》等书籍，但因为才疏学浅，我很难读懂书中的深奥道理。"吕本中是两宋的著名学者、诗人，"才疏学浅"是他自谦的话，其实吕本中对儒家经典有着精到的研究，《春秋集解》就是他日后留给世人的重要儒学著作。除了儒家，吕本中还对佛家和道家著作有过研究，这与吕氏家族"广大为心"的家风家教有着莫大关系。吕本中虽然懒得与外界交流，但对于志同道合的朋友，他依然与其保持着亲密的关系。李维，字仲辅，是抗金名臣李纲的弟弟，当时在福州居住，吕本中与李维交往密切，并称其为德高望重的“耆旧”。本首诗写完以后，吕本中先把它拿给李维等挚友斧正，然后再寄给各位弟弟，这首诗饱含着他对弟弟的思念和对朋友的尊重。

吕本中在福建生活了两年，这两年他虽然没有经历战乱之苦，但却经历了生活的贫苦，这种贫苦常常令吕本中一文不名、捉襟见肘。因为吕本中声望很高，朋友众多，在这两年里他经常受到朋友们的帮衬，有时他也不得不主动寻求朋友们的帮助。绍兴五年夏天，闽中友人杨绍祖给吕本中送来了一小缸酒，吕本中有感朋友的深情厚谊，随即写下了《谢杨绍祖惠玉友》一诗，诗中说：“我来闽中居，中热久断酒。端居苦无事，神气思内守。故人怜我病，小缸送玉友。”玉友，即糯米酿成的酒，色白如玉，相交似友，故名“玉友”。吕本中品尝着美酒，内心充满了对杨绍祖的感激之情。同样在这年夏天，吕本中还收到福建漳州宇文太守送来的茶叶，于是他又写下了《谢宇文漳州送茶》一诗，诗中说：“暑气侵人病逾剧，虚堂坐调出入息。漳州太守送茶来，玉圭小凤俱无敌。太守怜我病无语，故遣此茶相劳苦。”玉圭，是中国古代重要的礼器，被视为权力的象征。小凤，是唐宋时中书舍人的别称，主要职务是草拟诏令。在炎热的酷暑时节，漳州太守送来的茶叶有清爽肺腑的功效，所以吕本中说执圭这样的权力和小凤这样的职务都比不上漳州太守送的茶叶重要。

绍兴六年（1136）春，吕本中再次为没有茶喝犯愁。这时，吕本中的旧友晁谦之（字恭道）、郑士彦（字德成）正在担任福建路转运判官（即漕官），为了解决口腹之欲，吕本中向两位旧友乞茶，并当即写下了《寄晁恭道郑德成二漕》一诗：

二年住闽中，不识建溪茶。处处得残杯，顾未惬齿牙。

饥肠拥滞气，病眼增昏花。故人持节来，怜我病有加。

会当饷绝品，不但分新芽。苍壁月堕晓，宝胯金披沙。

一洗肝肺净，兀坐如还家。阴雨又不解，天气复未佳。

持诗寄两公，请为交旧时。便续北苑谱，即日定等差。

晁谦之，出自清丰晁氏家族，吕本中早年就与诸晁兄弟有广泛交游，晁谦之即诸晁兄弟中的一员。如今，晁谦之正在担任漕官一职，漕官主要负责谷物财货的转运，对当地特产非常熟悉。建溪茶是福建路建州的特产，起源于五代十国时期的闽国，在宋代发展为贡茶，不仅作为皇家御用，而且作为礼物赠给邻邦。吕本中对这种茶早有耳闻，但却从未见过，更没有饮过，所以吕本中恳求朋友帮忙，为他寻得建溪茶，以解决口腹之欲。后来，吕本中收到了晁谦之寄来的建溪茶，品尝着香茗，阅读着美文，吕本中的内心得到了极大满足。

绍兴六年四月初五，吕本中被朝廷召赴行在临安，随后他离开了生活了两年的福建。从离开福建这一刻起，吕本中为期十年的流寓生涯结束了。十年来，吕本中经历了无数磨难，这些磨难不仅给吕本中留下痛苦的烙印，而且也砥砺了他的斗志和毅力。如今，历史又为吕本中打开了政治生涯的另一扇门，相信被召入朝的吕本中将变得更加成熟和有思想。

第四节　“议论不合，奉祠去国”

绍兴六年（1136），吕本中的政治生涯被改写，在两年的时间里，吕本中两次被召，两次被贬，最终又回到民间。吕本中是一位忠于朝廷的君子，论才学他可以经邦，论风节他可以厉世，然而因为小人当道，政见不合，像吕本中这样的君子几乎都被罢黜了，这真是一件令人遗憾的事情。被罢黜以后，吕本中在江浙一带居住。绍兴十五年（1145），吕本中病逝于信州，享年六十二岁。

一、被召入朝

绍兴六年四月初五，直秘阁、主管台州崇道观的吕本中被召赴行在临安，这时吕本中已经五十三岁了。吕本中被召入朝，得益于史馆修撰范冲的推荐。范冲（1067—1141），字元长，范祖禹之子，范温之兄。因为范冲的母亲是吕公著之女，范冲又娶吕氏女，所以范冲既是吕本中的表叔，又是吕本中的姑夫。范、吕为通家，范冲对吕本中的才学非常了解，所以向朝廷上书，希望朝廷召回吕本中。范冲在奏章中说："本中文章典雅，长于史学，习学有渊源，敏于为政，恬退之节，人所难能，以其不求闻达，故世罕有知者。……伏望特赐召对，察其人才可否而进退之。"朝廷接受了范冲的上书，决定召吕本中入朝。

然而，因为体弱多病，吕本中并没有马上成行。为了表达对范冲的感激之情，吕本中写了两封信寄给范冲，后来这两封信传给了范氏后人，书法家还将这两封信称为《吕居仁瞻仰收召二帖》。在第一封信中，吕本中说：

本中再拜：

比稍不闻动静，瞻仰之至，即日伏惟尊候万福。本中久留闽中，比已治比去计，复被召命。顾自春多病，日颇增剧，须俟旬日稍闲乃行。衰羸如此，亦复何用？前路当恳求宫祠再任，期必得请。或见诸公，敢乞先致一言张本，至幸。尚阻侍见，倍乞为时护重，不备。

本中再拜徽猷侍讲姑夫、淑人四十七姑座前。

四月二十八日

绍兴六年五月，吕本中的病情有所好转，他决定奔赴行在，觐见宋高宗。在临行之前，吕本中给好友李经和士珪禅师写了一首诗，题为《将发福唐》：

尽此一囊粟，我行当有期。凉风吹天涯，增我别后思。
结束向行在，问子还何时。初无济时策，处事多参差。
环视中所有，无一施可宜。形骸久已病，敢徼当世知。

不蒙朋友责，定遭儿辈嗤。矧此世外人，劝归常恐迟。

相寻有如日，请盟吾此诗。

福唐，是福州的别称。在离开福州之际，吕本中与好友李经、士珪禅师吃了一顿饭。李经，字叔易，抗金名臣李纲的弟弟，此时正在担任漳州教授。士珪禅师，俗姓简，是福州鼓山白云峰涌泉禅院的住持，吕本中与其多有过从。在这次饭局上，吕本中向两位好友表明了心迹，吕本中说："我就要奔赴行在临安了，说实话，我的内心还有一些忐忑。为什么会这样呢？因为面对时局，我想不出救国的良策，在为人处世方面我也没有那么周全，并且我体弱多病，很难应付高强度的工作。我这一去，想必要惹人耻笑了。"但是，认真思索之后，吕本中还是要奔赴行在，因为这是他报效朝廷的重要机会。为了大宋江山，他一定要迈出这一步。

绍兴六年五月中旬，吕本中启程了。因为身体羸弱、战火频仍，吕本中从启程到见到宋高宗，用了小半年的时间。半年来，吕本中从福州出发，经建州离开福建路。在离开福建之际，吕本中给在福州的亲旧写了一首诗，题为《福建界首寄福州亲旧》：

海上秋风吹客衣，屡烦亲旧送将归。

今朝更入江东路，便恐书来即渐稀。

时光飞逝，光阴似箭，吕本中在出发时还是夏日，等到离开福建时已经是秋天。一路上，吕本中的朋友送了他一程又一程。如今，吕本中就要进入江南东路了，吕本中的朋友也要返回福州，吕本中非常感念朋友的深情厚谊，所以写了这首诗送给朋友们。

随后，吕本中进入江南东路信州（治所在今江西上饶）。就在这时，吕本中听到了一则好消息。原来，在绍兴六年七月七日，朝廷特赐吕本中进士出身。若干天后，吕本中收到了朝廷的诏书，诏书上说："本中学术渊源，本乎前哲，文采声誉，绝于缙绅。更历险夷，遂为耆旧。可特赐进士出身。"与此同时，朝廷还任命吕本中为起居舍人。北宋元丰五年（1082），朝廷同时设置起居郎和起居舍人两官。皇帝御殿时，起居郎站在殿左，起居舍人站在殿右，两官都是从六品，负责记录皇帝的言行。

时光荏苒，转瞬又是两个月。在离开信州以后，吕本中就进入两浙路衢州境内，从衢州往北是严州，从严州再往北就是临安府，由此看来吕本中觐见宋高宗的日子一天一天近了。然而，计划还是赶不上变化，此时南宋的行在又发生了转移。

绍兴六年七、八月间，岳飞领导的岳家军收复了大片失地，一度兵临西京河南府。时为右相的张浚认为，行在临安偏居一隅，容易令人安逸，不足以号令四方，建议朝廷将行在迁往建康府。但是，张浚的建议没有得到同僚的支持。后来，左相赵鼎提出一个折中的方案：将行在迁往平江府（今江苏苏州）。平江位于临安和建康之间，进可攻，退可守，最后这个方案得到了宋高宗的首肯。九月初一，宋高宗离开临安；九月初八，宋高宗抵达平江。然而，此时吕本中尚在严州。大约九、十月间，吕本中抵达平江，对他而言，一展宏图的时机到了。

但是，事情的发展总是与愿望相反，政治的腐败和身体的病痛让吕本中逐渐萌生了退意。绍兴六年十一月四日，朝廷下诏允许有疾病的官员隐退，吕本中趁机提出了再度奉祠的请求，但是朝廷并没有同意。这样，吕本中继续留在朝中效力。

吕本中心里知道，吕氏家族世受皇恩，既然朝廷不允许他离朝，那么他就要继续为朝廷效劳。面对宋金对峙的大势，结合多年的思考，吕本中郑重地给宋高宗写了一本奏章，奏章上说：

自古中兴，必有根本之地，以制四方之地；必有根本之兵，以制四方之兵，今都邑未定，禁卫单弱，望谕大臣，先求二者之要而力行之。

这是吕本中对国是的根本思考，有了根据地和军队，国家的根基就能站稳。吕本中牵住了国家立足的“牛鼻子”，说明艰难的南渡岁月让吕本中成长了不少。也许是受到这本奏章的影响，同年十一月二十二日，起居舍人吕本中兼权中书舍人。所谓“兼权”就是兼职并临时代理的意思，中书舍人即中书省中负责起草诏令的官员，多以有文学资望者担任。吕本中有思考、有才学，所以宋高宗让他兼任中书舍人一职。

作为起居舍人兼权中书舍人，吕本中经常跟在皇帝身边，所以对宫中之事多有了解。内侍李琮（cóng）是宋高宗潜邸的旧人，宋高宗一直对他恩宠有加。有一天，李琮把为官的凭证弄丢了。按道理，他应该找人做个证明，然后才能补一张凭证。但宋高宗念他是身边的老人儿，所以就直接补给他一张。吕本中听说这件事以后，就向宋高宗谏言：“如果因为异恩别给，这不符合蜀汉宰相诸葛亮提出的‘宫中府中俱为一体’的思想。”宋高宗见到自己的命令被驳回，不但没有生气，反而非常高兴。宋高宗让宰臣对吕本中说：“从今以后，有什么好的意见，只管说。”看来，吕本中的这次正当谏言得到了宋高宗的认可，吕本中对自己的工作更加自信了。

不久，阶州（今甘肃陇南武都区）草场监官苗亘贪赃败露，朝廷下诏处以黥（qíng）刑。吕本中觉得这个处罚有问题，当即就上奏说：“近年来，官吏贪赃枉法，多被处以黥刑，但是大宋疆域辽阔，如果冤枉了好人，我们又怎么能够马上知道呢？事后觉察到这个人无辜，即使想擦掉他身上的刺字，又怎么能够做到呢？如果祖宗以来就有此刑，那么绍圣权臣当政之时，恐怕被处以黥刑的士大夫就数不胜数了。希望朝廷酌情使用常刑处罚，不要给奸臣留下口实。”随即，朝廷采纳了吕本中的意见。

绍兴七年（1137）正月初一，吕本中随宋高宗在平江供职。整整十年前的今天，吕本中被困汴京，徽、钦二宗即将被俘，时任河北兵马大元帅的康王赵构正在大名府一带召集兵马。十年后的今天，作为南宋皇帝的赵构回想起十年的过往，仍然是惶恐不安。经过认真思考后，宋高宗赵构在新年这一天发布了一份手诏，诏书上说：“朕自从承继大业，快要一纪（十二年）了，每当想到国难，常常心生不安。……如今，春天到了，我们要趁着东风，往临大江（即今长江），驻跸建康，以察天意。”

半年以前，有人建议将行在迁往建康，但是没有得到大多数人的响应，如今时机成熟，宋高宗亲自下诏驻跸建康。建康地处宋金交战的前沿，将行在迁往建康势必会得到主战派的欢迎，也会振奋将士们的军心。吕本中是主战派中的一员，行在迁往建康激起了他的战斗豪情。为了应对行在转移的变化局势，吕本中再次上奏提出建议，奏章上说：

> 当今之计，必先为恢复事业，求人才，恤民隐，讲明法度，详审刑政，开直言之路，俾人人得以尽情。然后练兵谋帅，增师上流，固守淮甸，使江南先有不可动之势，伺彼有衅，一举可克。若徒有恢复之志，而无其策，邦本未强，恐生他患。今江南、两浙科须日繁，

间里告病，倘有水旱乏绝，奸宄窃发，未审朝廷何以待之？近者臣庶劝兴师问罪者，不可胜数，观其辞固甚顺，考其实不可行。大抵献言之人，与朝廷利害绝不相侔，言不酬，事不济，则脱身而去。朝廷施设失当，谁任其咎？鸷鸟将击，必匿其形，今朝廷于进取未有秋毫之实，所下诏命，已传贼境，使之得以为备，非策也。

写完这本奏章以后，吕本中觉得还有建议没有说完，于是再次上书，他说："在江东形势险要的地方，比如九江（今江西九江）、鄂渚（今湖北鄂州）、荆南（今湖北荆州）等地，应当驻扎重兵，选派重臣。东吴重臣陆抗曾经说过，西陵（今湖北宜昌西北）、建平（今安徽宣城郎溪）是国家的门户。希望朝廷精选良将，驻守于此，那么江南自守之计就完备了。"

绍兴七年二月二十七日，吕本中跟随宋高宗离开平江。三月初八，宋高宗与百官抵达建康，高宗下令放假三天，让百官在三天之内休沐，然后再以崭新的面貌投入到工作当中来。

抵达建康不久，内侍郑谌（chén）退休了。按照常理，退休之后的内侍会选择一处终老之地颐养天年。但是，郑谌是宋高宗身边的红人，宋高宗特命郑谌复出，负责掌管军队。身为起居舍人兼权中书舍人的吕本中对宋高宗的任命不太理解，他对宋高宗说："陛下驻跸建康，将要有所作为，现在贤士大夫没有得到重用，归隐山林的能人没有招致，反而起用郑谌来统兵，这是为什么呢？"宋高宗自知理亏，于是就撤销了任用郑谌的命令。

同年三月末，吕本中的疾病再次复发。为了不耽误朝廷工作，吕本中引疾求去，等待别人接替他的工作。辞职的奏章上了两次，吕本中终于等来了回应。四月初二，朝廷任命吕本中直龙图阁、知台州，但吕本中回绝了。最终，朝廷任命吕本中主管江州太平观，该职不是实职，而是祠禄官，吕本中离开朝廷，回归江湖。

二、再召入朝

绍兴七年初夏，吕本中奉祠，离开了南宋行在建康。在临行之前，吕本中写了一首诗，题为《将发金陵奉怀张彦实》：

老矣君何往，翩然我欲归。
文章晚未用，岁月事多违。
江接鄱阳路，风吹游子衣。
不应蘧伯玉，独悟昔年非。

这首诗是吕本中写给张扩的。张扩，字彦实，江东饶州德兴（今属江西）人，善于写诗，是吕本中的诗友。此时，张扩正在担任广德军（今属安徽宣城）知军，吕本中怀着崇敬之心给张扩写了这首诗。吕本中向张扩发问：“岁数大了，您将要到哪里去呢？我就要远离官场，回归江湖了。”吕本中感慨，人生易老，而他的文章并没有多少用处，岁月如梭，但他做的很多事情却与社会相违。大江里的水滚滚向前，江风吹拂着游子的衣襟，如今五十四岁的吕本中又要做游子了。春秋时期，有一位贤人叫蘧伯玉，相传蘧伯玉在五十岁的时候就知道自己的前四十九年都是错的。吕本中觉得自己在德行上不如蘧伯玉，但在反省上与蘧伯玉是一样的，他认为自己的过往也是错的。正是怀着这样的认识，吕本中离开了建康。

绍兴七年初秋，吕本中来到绍兴会稽寓居。直到深秋，吕本中一直居住在会稽禹迹寺。相传，大禹曾在会稽大会诸侯，并且最终死在了会稽。东晋时期，骠骑将军郭伟为了纪念大禹，把自己位于会稽的宅院改建成禹迹寺。禹迹寺位于会稽县东南二里，吕本中在此居住了一个秋天。这年深秋，吕本中写了一首诗表达自己的寓居感想，题为《寓会稽禹迹寺》：

阴雨静不出，端居还自由。
客来从短褐，天气已深秋。
所在兵犹斗，中原乱不休。
庙堂如有意，便与万人谋。

连日来，会稽的秋雨下个不停。吕本中寓居在禹迹寺，好久没有外出了。因为奉祠去职，吕本中感觉自己重新获得了自由，每天在寺里静养，真是“无官一身轻”啊！但是，吕本中也有忧愁。第一，吕本中的生活得不到保障，祠禄官的俸禄非常低，他的生活压力很大，如今已经深秋，而他在会见客人时穿的仍然是粗布短衣。第二，吕本中为朝廷面临的局势感到担忧。绍兴七年八月八日，统制官郦琼、王世忠、靳赛等发动兵变，杀死监军官吕祉等人，带领十几万军民投降伪齐刘豫，史称“淮西兵变”。伪齐是金国在继伪楚之后扶植的第二个傀儡政权，该政权成立于建炎四年（1130）九月。傀儡皇帝刘豫是北宋末年的进士，建炎二年（1128）被任命为济南知府，但当时山东盗贼蜂起，刘豫去济南很不情愿。同年冬天，金军攻打济南，刘豫叛国投降。金国见刘豫亲附自己，所以后来推举刘豫为伪齐皇帝。绍兴六年，刘豫征发三十万大军分三路进攻两淮，南宋在右相张浚的主持下，决定对伪齐采取攻势。同年二月，张浚命韩世忠、张俊、刘光世、岳飞率部应战。十月，伪齐在藕塘之战中战败，宋军粉碎了伪齐的进攻计划。十二月，左相赵鼎罢相，出知绍兴府，右相张浚成为独相。张浚积极贯彻宋高宗的意图，力图把诸将的兵权收归中央。绍兴七年四月，在张浚的建议下，宋高宗罢解了屯兵庐州的刘光世的兵权。与此同时，朝廷让参谋、兵部尚书吕祉前往庐州监军，并任命刘光世所部的王德为都统制，郦琼为副都统制。但是，郦琼与王德素有矛盾，他不满王德的权力在己之上。后来，丞相张浚密谋罢掉郦琼的兵权并将其处死，然而这个消息很快就走漏了。郦琼一不做，二不休，发动兵变，投降伪齐。因为庐州隶属淮南西路，所以这次兵变史称“淮西兵变”。“淮西兵变”发生的时候，吕本中已经在会稽，但是他对国家的命运还是非常关心的。内部有兵变，外部有金兵，吕本中期望朝廷广开言路，选用人才，大家一道，共同渡过难关。

因为张浚的错误指挥，南宋朝廷损失了十几万军民，宋高宗对其大发雷霆。绍兴七年九月十三日，张浚在群臣的弹劾下，被迫辞职。几天以后，宋高宗再次起用赵鼎，赵鼎被任命为尚书左仆射、同中书门下平章事兼枢密使。宋高宗在接见赵鼎时说：“张浚误朕极多，理应把他贬到蛮荒之地。”赵鼎为张浚辩解道：“张浚的母亲已经年迈了，况且他还有勤王之功，陛下怎忍让母子分离呢？”宋高宗说：“张浚救朕，朕已经赏他做宰相了，功是功，过是过，两者不能相抵啊！”由此可见，宋高宗一心要严惩张浚。但是，赵鼎和有些同僚再三为张浚说情，最终宋高宗对张浚从宽发落。有一天，宋高宗对赵鼎说：“你落相以后，张浚对你百般排挤，而张浚获罪以后，你却对他极力营救，你比张浚贤明多了啊！”

赵鼎再度为相以后，非常重视人才的选拔，他向宋高宗上奏道："如今公众所呼吁的人士，如吕本中、常同、林季仲等，陛下您能起用吗？"当时，宋高宗也想开创一个新局面，所以他欣然同意了赵鼎的举荐。值得一提的是，吕本中上次入朝的举荐人范冲与本次入朝的举荐人赵鼎是儿女亲家，范冲的儿子范仲熊娶了赵鼎的女儿为妻。赵鼎一向倾慕元祐之学，而吕本中是元祐党人吕公著之后，又曾被范冲推荐，所以赵鼎对吕本中非常青睐。

绍兴七年闰十月初二，吕本中被朝廷任命为太常少卿。当时，李弥逊正在担任中书舍人，吕本中的任命文书就是由李弥逊起草的。李弥逊在《吕本中太常少卿制》中写道：

> 尔操履之正，克世其家。问学之醇，不悖于道，发为词章，炳然其华。顷由柱史，遽起丘园之兴，真祠均逸，亦既逾年。今予命尔以秩宗之事。昔鲁不弃礼而齐亲之，治乱一轨，百世可循。益尊所闻，追还邃古之风，以成予治。朕之所以望尔顾，岂钟鼓玉帛云乎哉？

接到任命文书以后，吕本中回到行在建康，担任太常少卿一职。太常少卿，从五品，协助太常卿管理礼乐宗庙祭祀事务。虽然再召入朝并担任了太常少卿，但吕本中的内心非常矛盾。一方面，他渴望为国效力；另一方面，他不甘心从事礼乐祭祀这样的"闲差"。国难当头，他更愿意为国家做一些实际工作。十一月四日，吕本中再次上书奉祠，但他的请求没有得到宋高宗的允许。稍后，宋高宗接见了吕本中，宋高宗对吕本中说："爱卿啊，你的才学我是知道的。我读过你写的诗，你的诗很好，和徐俯年轻时的诗作差不了多少。徐俯晚年学习李白，所以诗作的风格变得更加张扬了。”徐俯（1075—1141），江西诗派著名的诗人之一，黄庭坚的外甥，宋高宗把吕本中的作品媲美徐俯早年的诗作，由此可见宋高宗对吕本中的才学还是有所了解的。吕本中有感皇帝的关注，因此就没再提奉祠的事。

绍兴七年十一月十八日，金国废除伪齐，存在了七年多的伪齐政权灭亡了。与此同时，金国有一批高官主张与南宋议和，把持朝政的左副元帅完颜昌就是其中的代表。当时，宋徽宗已经去世两年了，宋朝使者王伦到金国迎奉宋徽宗的梓宫。完颜昌对王伦说：“你回去报告你的主子，从此和议的道路畅通无阻了，河南的许多州县我们也可以还给你们。”十二月，王伦回到建康，并把这个“好消息”报告给宋高宗，宋高宗心中大喜，他终于不用四处奔波了。

绍兴八年（1138）二月，宋高宗把行在撤回临安，从此南宋的行在就固定在临安。在行在迁移的当月，吕本中被任命为中书舍人，中书舍人的品级是正四品。绍兴六年十一月，吕本中曾兼任过权中书舍人，他对中书舍人的日常工作并不陌生，也正是因为这个职位，吕本中被人称为“吕舍人”，又称“吕紫微”。吕本中被任命为中书舍人，也是由李弥逊起草的文书，李弥逊在《吕本中中书舍人》制词中以皇帝的口吻说道：

> 朕寤寐中兴，焦劳庶事，惟中书之地，一日万几。而内史之职，于命令之将行，皆得以可否而献替之。苟非其人，则安能杜渐防微救过于未然哉？具官某袭芳名胄，济以多闻，粲然泉涌之文，粹矣玉温之质。侍严香案，议礼曲台，人物之优，允符佥论，其辍九卿之列，来联四户之班。夫事固有一言之非而驷马弗及，一日之失而终身为

忧，于号令出纳之微，系社稷安危之重，其体兹训，知无不言。毋使政事之行人得以议，而朝廷有涣汗之讥，所以望于尔者。

绍兴八年三月，吕本中在担任中书舍人的同时还兼任侍讲一职，他身上的担子更重了。俗话说："在其位，谋其政。"为了推进朝廷工作的开展，吕本中和同僚推荐了很多人才。例如，绍兴八年四月，吕本中将刘勉之（1091—1149）推荐到朝廷。刘勉之，字致中，福建路建州崇安人。刘勉之曾师从樵定、刘安世、杨时，品德纯正，学问深厚。后来，刘勉之还培养了一位杰出弟子——理学大师朱熹（1130—1200），并把自己的女儿嫁给了他。刘勉之与吕本中一样，他们都师从过刘安世和杨时，吕本中还在福建居住过，所以他对刘勉之非常熟识，于是就把他推荐给朝廷。但是，早在一个月以前，秦桧被任命为右仆射、同中书门下平章事，第二次拜相。秦桧是主和派，刘勉之是主战派，刘勉之到达临安以后，秦桧不予引见，只是让刘勉之在后省参加了策试，就没有下文了。刘勉之知道自己和秦桧合不来，所以就告病归乡了。绍兴八年五月，吕本中还向朝廷推荐了高邮孙觉之孙孙衎。孙觉，北宋词人，是苏轼、王安石、曾巩等人的好友，黄庭坚的岳父，与吕本中的曾祖、祖父一样，同为元祐党人。吕本中称孙衎"学有本源""能守家学"，最终朝廷任命孙衎为下州文学。

绍兴八年六月二十八日，吕本中又获得一个新官职，即兼权直学士院。直学士院的主要职责是掌管制、诰、诏、令的撰述。本来，曾开（1080—1150）曾经担任礼部侍郎兼直学士院一职。宋金和议，秦桧让曾开起草对金乞和的国书。曾开不同意乞和，于是就以年老体衰为借口辞去兼直学士院一职。这个职务空缺以后，宋高宗本来想让勾龙如渊补缺，可是赵鼎极力举荐吕本中，最后宋高宗接受了赵鼎的建议。

就在吕本中兼权直学士院的同时，宋金和议紧锣密鼓地展开了。六月，王伦偕同金使来到临安，商讨议和的具体细节。为了欢迎金使，有关部门开始计议送给金使的礼品。针对这件事，吕本中说："金使过来议和，我们更应该展示我们的俭朴节约，如果在吃住方面让对方感到充裕喜悦，正好激发金国的入侵野心。况且，成败之际，本不在此，关键在于我方的政治得失、兵财强弱，希望诏令有关部门在招待上没有缺失就可以了。"由此可见，吕本中对于宋金和议有着清醒的认识。

自从王伦归国以后，宋金和议就成了宋高宗关心的头等大事，以秦桧为代表的主和派占了上风，一直倾向主战的吕本中越来越不受重用了。绍兴八年七月十六日，宋高宗召见勾龙如渊。高宗对勾龙如渊说："朕本来是要让爱卿直学士院的，可是赵鼎推荐了吕本中，等改日吕本中被罢免，朕就用爱卿你。"高宗还说："爱卿和楼炤，都是朕亲手提拔的，以后中书省有什么事，你们只管奏来。像张致远、吕本中这种附丽小人，哪个人不知道他们是由宰相赵鼎提拔上来的啊！"高宗越想越气，他继续说道："李授之曾经将自己著的《易解》献给朝廷，朝廷打算给李授之一个职名。因为李授之是赵鼎做诸生时的教授，所以吕本中在写给李授之的制词当中，对其颇加赞美。"宋高宗对吕本中越来越不信任了，对宰相赵鼎的态度也发生了微妙的变化。

在宋代，有一种旨在提高皇帝综合素养的教育制度，叫经筵制度。经筵制度以定期学术讲座的方式开展，经筵的对象是皇帝，经筵的老师是侍读和侍讲。绍兴八年八月十三日，以"四书""五经"为主要内容的经筵如期举行。吕本中作为侍讲给宋高宗讲《左传》。吕本中不仅是一位诗人，还是一位学者，他曾著有《春秋集解》十二卷，而《左传》就是"春秋三传"之一。在侍讲《左传》的时候，吕本中与宋高宗面对面，但是宋高宗非常严肃，吕本中感受到了政治空气的异样。侍讲完毕以后，吕本中给宋高宗递交了辞职信，请求辞去自己的侍讲一职。宋高宗一点也没有挽留吕本中，随即提拔中书舍人勾龙如渊兼任侍讲。

为了不与赵鼎、吕本中闹僵，八天以后，宋高宗又任命吕本中兼任史馆修撰。史馆修撰，顾名思义就是负责国史的撰写，这个职位相对远离政治，所以宋高宗舍得任命吕本中担任。接到任命以后，吕本中随即上书辞职，他说："我的曾祖吕公著、祖父吕希哲，都是元祐党人，如果要写当时的历史，确实有一些忌讳和嫌疑。恐怕今后的生事之人，要以此为借口。"但是，吕本中的辞职请求并没有得到宋高宗的同意，于是史馆修撰就成了吕本中职业生涯的最后一个正式兼职。

绍兴八年九月，吕本中所在的史馆传来一个好消息：《哲宗实录》重修完成了。《哲宗实录》分为初修和重修两个版本。《哲宗实录》的初修版由奸臣蔡京等人主持，始修于元符三年（1100）九月，最终成书于宣和四年（1122）七月，历时二十二年之久。但是，由蔡京主持的《哲宗实录》多有失真，受到众人的诟病，所以宋高宗在即位以后启动了《哲宗实录》的重修。《哲宗实录》的重修版由范冲主撰、赵鼎监修，始于绍兴四年（1134）五月，成书于绍兴八年九月，历时四年。因为《哲宗实录》，左相赵鼎还得到了一个新的兼职——监修国史。

《哲宗实录》重修完成后，宋高宗非常高兴，授予监修国史赵鼎"特进”的官名。特进是寄禄官中的一种，元丰改制以后，特进与开府仪同三司都是从一品，在从一品之上是正一品，但正一品从来都不轻易授人，所以特进是寄禄官当中相当高的品级。赵鼎迁特进，恰逢中书舍人吕本中草拟制词。当时，以右相秦桧为代表的主和派大肆拉帮结派、排除异己，把朝廷搞得乌烟瘴气，吕本中对其深为不满。所以，吕本中在赵鼎迁特进的制词中写了这样两句话：“合晋楚之成，不若尊王而贱霸；散牛李之党，未如明是以去非。”这两句话虽然是吕本中草拟的，但却是以皇帝的名义发布的，秦桧读到之后大发雷霆，把鼻子都气歪了。

为什么秦桧会有这么大的反应呢？我们还要从上面的话中找原因。这两句话的意思是：总结春秋时晋楚两国的成功经验，我们应该学习晋国的王道，不应该学习楚国的霸道；总结唐代牛李党争的历史教训，与其说消除党争，不如明辨是非，坚持对的，摒弃错的。这两句话从表面上看是在谈论历史经验和教训，但实际上是在批评秦桧的霸道和议和的方针是错误的，这是一种借古讽今的表达手法。

早在靖康之难以前，秦桧还是一个坚定的抗金派。靖康元年（1126），吕本中和秦桧同为职方员外郎，两人私交甚好。靖康元年十一月，在吕本中父亲吕好问的推荐下，秦桧被提拔为御史中丞。靖康之难以后，秦桧随徽、钦二宗被俘虏到北方。正是这次被虏，完全改变了秦桧的政治立场。建炎四年（1130），秦桧逃回临安，他因主张议和，得到了皇帝宋高宗的信赖。绍兴元年（1131），秦桧拜相，第二年落职。绍兴八年，秦桧第二次为相，当时宋金议和的风气高涨，所以秦桧开始借着这股风气壮大自己的力量。因为秦桧与吕本中早就熟识，所以秦桧想趁机把吕本中拉到自己的阵营。秦桧告诉吕本中，只要吕本中在自己阵营的名单上签字，那么他就可以得到官位的升迁，但是吕本中立场坚定，断然拒绝了秦桧的政治诱惑。吕本中还力劝秦桧：“《易经》的同人卦说：‘同人于野，亨。’我希望秦相公以大同为念，团结同僚共渡艰难，千万不要制造党争啊！”当时的秦桧已经被权力冲昏了头脑，他当然不会听从吕本中的劝说。而且，从这件事上，秦桧知道吕本中是不会跟自己站在一起的，这引起了他对吕本中的强烈不满。如今，吕本中又制造了一个“制词事件”，尤其是晋楚、牛李的历史典故触碰到秦桧的敏感神经，秦桧决定要对吕本中等主战派打击报复了。

“制词事件”发生后，秦桧指使侍御史萧振弹劾赵鼎、刘大中、吕本中等人。萧振本来是赵鼎推荐的，后来因为秦桧进入台院（负责弹劾朝廷百官），成为秦桧的党羽。绍兴八年十月，萧振首先弹劾参知政事（副宰相）刘大中对父亲不孝，刘大中被降为资政殿学士，出知处州，紧接着又被免职。此时的赵鼎心里明白：“萧振的用心并不在刘大中身上。”这时，萧振也对别人说：“赵丞相是一个刚愎自用的人。”还有人说：“赵鼎常常勾结台谏和诸将，居心叵测，要引起大家的警惕啊！”宋高宗听到这些话后，对赵鼎越发怀疑。十月中旬，赵鼎以生病为由，向皇帝提出辞职。赵鼎对皇帝说：“刘大中为人正直、主持正义，他都被免职了，臣何必还要留下来呢？”由此，赵鼎再度被罢相，出知绍兴。值得一提的是，赵鼎罢相的制词是由另一位中书舍人勾龙如渊草拟的。十月二十日，宋高宗召见勾龙如渊，让勾龙如渊当场草拟赵鼎罢相的制词。勾龙如渊趁机说：“陛下既然已经罢免了赵鼎，那么就应该号令四方，广纳人才。让君子迅速聚集在陛下的身旁，而让那些小人远离朝廷。”宋高宗说：“谁是君子呢？”勾龙如渊说：“孙近、李光。”“谁是小人呢？”勾龙如渊说：“吕本中。”想当初，赵鼎极力举荐吕本中兼权直学士院，让勾龙如渊暂时失去了晋升的机会，所以勾龙如渊对赵鼎、吕本中怀恨在心。

赵鼎罢相以后，萧振也抓紧了对吕本中的弹劾。萧振说：“吕本中这个人表面上看很质朴，其实内心很险恶。他的父亲吕好问在靖康二年（1127）接受张邦昌的伪命，权门下侍郎，而吕本中却在他的诗中说：‘受禅碑中无姓名。’这分明是在为他的父亲狡辩啊！另外，李授之曾经向朝廷献上《易解》一书，朝廷要任命李授之直秘阁，中书舍人吕本中起初不知道李授之是赵鼎的老师，所以不打算给李授之写制词。后来，吕本中听说了李授之与赵鼎的关系，于是在制词中大加赞美李授之。像吕本中这种阿谀权贵、没有准则的无耻之徒，早就应该清理出朝廷了！”绍兴八年十月二十八日，吕本中落职奉祠，提举江州太平观，从此再也没有返回朝廷。

三、离朝病卒

绍兴八年十一月，被罢官的吕本中与家人离开了临安，从此吕本中又成为一个无家可归的游子。直到绍兴十五年（1145）病卒，吕本中在七年的时间里先后寓居严州、衢州和信州，而这三州正是吕本中在绍兴六年（1136）被召还朝时所经过的地方。时过境迁，故地重游，只不过心态已经完全不同了。

绍兴八年仲冬，天气寒冷，离开临安的吕本中乘着小船一路向西南漂去。这是历史上非常有名的富春江，吕本中漂泊在富春江上，就好像做梦一样。几天以后，吕本中乘坐的船到达严州桐庐，他为此写了一首诗，题为《舟行至桐庐》。诗中说："物色寒初甚，溪山画不如。往来真是梦，亲旧不须书。"两年半以前，吕本中还朝时走的就是这条路，如今离朝还是这条路，这真是黄粱一梦啊，还有什么值得跟亲旧们说呢？

绍兴九年（1139）春天，吕本中抵达了严州治所建德。在建德，吕本中再次过起了饥肠辘辘、穷困潦倒的生活。早在还朝以前，吕本中有十年是在过这样的日子，他的子女也是在穷困当中长大的。如今，吕本中的长子吕大猷已经二十四岁，次子吕大同也十九岁了。为了勉励两位已经成人的儿子，吕本中为其写了一首诗《示儿》：

忍穷吾有味，雕句汝无功。
客舍嚣尘里，春随浩荡中。
初无买山费，真与住庵同。
更想颜氏宅，箪瓢亦屡空。

因为宋金战争，吕本中经历过多年的逃难生活，久而久之，他觉得贫穷有了别样的味道，并学会了忍受贫穷。绍兴八年，吕本中出任中书舍人一职，他每天草拟制诰，雕琢字句，但最终却身无寸功。在还朝的两年时间里，吕本中每天生活在纷扰的尘世当中，美好的景色都随着时光流逝掉了。如今，吕本中又回到了山林里，虽然贫穷，但内心也安定下来。在《世说新语》当中，有这样一个典故：东晋时期，支道林禅师托人向竺法深禅师买岇山，法深禅师说："我没有听说过巢父、许由是买了山以后才来隐居的。"吕本中因为贫穷，肯定买不起一座山，但他也不需要买山，因为隐居是无须破费的，只要人去了就可以了。其实，吕本中想通过这个典故告诉儿子，逍遥自在就是这么简单，关键是心在不在这里。由“买山”典故，吕本中又联想到颜回，颜回居住在陋巷，用简陋的竹器吃饭，用瓢饮水，别人都忍受不了，但是颜回却以此为乐。这是为什么呢？因为颜回追求的是安贫乐道、达观自信的人生境界，而这也正是吕本中要激励自己和勉励儿子的。

绍兴九年初秋，在严州居住了半年之后，吕本中与家人来到衢州寓居。这年冬天，吕本中得知好友曾几（1085—1166）被任命为广西转运副使，于是写诗为曾几送行，题为《送曾吉父》：

吾道从来到处穷，八珍常与一箪同。
子房故是青云士，圯上乃逢黄石翁。
圣学有传为可喜，宦游少味自无功。
亦知湖岭如江浙，尽在先生指顾中。

曾几，字吉父（又作吉甫），虔州赣县（今江西赣州）人，与吕本中同岁，两人年轻时都曾拜在元城先生刘安世门下。年龄相同，又师出同门，这为两个人的终身友谊打下了坚实的基础。靖康之难以后，吕本中、曾几分别从开封、淮东避地江南。绍兴元年秋天，吕本中在桂林为父亲丁忧，而此时的曾几正在柳州避难。桂州与柳州相邻，两地的治所相距300里左右，得知彼此消息的两人决定来一次聚会。这年秋天，吕本中、曾几相聚桂林，参加聚会的还有另外一位诗人折彦质（字仲古，曾为龙图阁直学士）。聚会结束以后，吕本中写下了《桂林解后拜见仲古龙图吉父学士别后得两诗书怀奉寄》，在第二首诗中，吕本中说：“折老久高卧，曾卿仍倦游。同为万里走，肯避数年留。”折彦质是一位诗人，更是一位抗金名将，可如今他已经赋闲很久了。曾几，出自官宦之家，他的父亲曾准、长兄曾弼、次兄曾楙、三兄曾开都是进士出身，时人将曾家四进士称为“虔州四曾”。曾弼，曾任提举京西南路学事一职，但有一次他在巡视地方时，发生溺水，因公殉职，当时他还没有子嗣。按照门荫制度，曾几被任命为将仕郎，后来又经过考试获得上舍出身。一路走来，曾几非常珍惜出仕为官的机会。但是，因为靖康之难，曾几的为官道路也中断了。吕本中与折彦质、曾几因为共同的原因避地江南，他们的感情是相近的。这次聚会以后，曾几迁往广南东路，从此吕本中与曾几很久没有相见。

绍兴六年被召还朝以后，吕本中与曾几的哥哥曾开同朝为官，而且政见相同。正是因为曾开不愿意起草对金乞和的国书，辞去兼直学士院一职，所以才有了后来赵鼎力荐吕本中的事情。曾开离朝以后，时任两浙西路提点刑狱公事的曾几也被罢黜。如今，曾几被任命为广西转运副使，作为好友的吕本中为曾几送行。吕本中在诗中说：“亦知湖岭如江浙，尽在先生指顾中。”曾几曾经在江浙一带为官，如今又要到湖岭地区，吕本中相信曾几的做官能力，一切都在他的掌控之中。

曾几离开以后，吕本中的生活归于平静。绍兴十年（1140），吕本中在衢州度过新年。新年之后，他的旧病又复发了。在养病之时，吕本中收到了三弟吕堋中的来信。看过书信后，吕本中写了一首诗，题为《病中得舍弟信》：

频通婺女讯，兼得会稽书。

岁月呻吟里，文章困睡余。

百年判憔悴，万里付迂疏。

尚欲身强健，相从得定居。

婺女，为二十八星宿之一，其地区分野在婺州（今浙江金华）。当时，吕弸中一家决定在婺州定居，所以写信告诉大哥吕本中。吕本中与吕弸中两兄弟关系非常好，在政治和姻亲上经常联系在一起。绍兴七年闰十月初二，吕本中因赵鼎的举荐再次回朝。次年五月初二，吕弸中也因为赵鼎被任命为驾部员外郎，十几天以后，吕弸中又被任命为提举福建茶事。由此看来，兄弟两人都受到了宰相赵鼎的青睐。其次，吕本中、吕弸中兄弟在选择姻亲时也具有一致性。据史料记载，吕本中的女儿嫁给了曾逊（曾几的子侄名字都是走之旁，怀疑是曾几的子侄），吕弸中的儿子吕大器（1113—1172）娶了曾几的女儿为妻。除此之外，吕本中的孙女、吕大同的女儿嫁给曾几的孙子曾椝，吕弸中的孙子、吕大器的儿子吕祖俭娶了曾几的第六个孙女。由此可见，吕本中、吕弸中、曾几的友谊影响了两个家族的三代人。

因为亲情、姻亲、政治上的关联，吕弸中邀请大哥吕本中到婺州定居。虽然婺州紧邻衢州，但吕本中在写《病中得舍弟信》一诗时，哪也去不了，他只能在诗中说："等我身体强健了，我愿意和你定居在一起。"可是，因为多种原因，吕本中没能实现这个愿望。

寒来暑往，春去秋来，时光转眼来到了绍兴十年腊月。此时，议和派占了绝对上风，为了平衡朝廷的权力，宋高宗决定改善部分主战派的政治待遇。腊月十七日，朝廷恢复了吕本中秘阁修撰的贴职，但依旧让他主管江州太平观。可就是这个小小的调整，还是引起了议和派的强烈反响。腊月二十日，有议和派上奏说："吕本中阿附赵鼎，就好比是赵鼎的家臣。像这样的朋比之徒，怎么能恢复他的贴职呢？"因为秦桧党羽的严厉抵制，吕本中被恢复贴职的制词在腊月二十二日就被撤销了。这件事犹如昙花一现，吕本中再次入朝的道路彻底被封死了。

出于对毁谤的厌倦和对仕途的绝望，吕本中决定彻底隐居了。绍兴十一年（1141），经过精心挑选，吕本中来到信州上饶茶山广教寺隐居，而这成了吕本中生前最后一个住所。绍兴十二年（1142），时在广西为官的曾几辞去官职，也移居到信州茶山居住。吕本中见到曾几以后，非常欣喜，于是写下了《赠曾吉甫》一诗：

荒城少往还，居处喜相近。欣然得一笑，渠敢有不尽。

词源久欲竭，此道或少进。作气在一鼓，军士况未慭。

凉风动高梧，尘土朝作阵。临溪惜暂别，溪浅雨复吝。

岂无一言赠，以当百镒赆。沉绵我未瘳，李君更须慎。

对于吕本中而言，在垂垂暮年，能够和好友曾几在茶山成为近邻，这真是人生的一大幸事。茶山，位于上饶城西北数里，这里小溪回环，松竹茂密，土壤肥沃，特别适合茶树的生长。相传，这里的茶树最早是由唐代茶圣陆羽种的，所以这座山被称为茶山。因为用这里的山泉泡出来的茶水非常甘甜，所以吸引了许多名士来到这里。吕本中喜欢喝茶，对这里的环境也非常满意。曾几来到这里，甚至把自己的号称作"茶山居士"，把自己的文集命名为《茶山集》。吕本中、曾几以后，抗金名将辛弃疾也来到信州寓居，他就住在茶山广教寺附近的带湖新居。

吕本中居住在广教寺，而曾几居住在孔雀寺，两寺之间有一条长溪阻隔。绍兴十三年（1143）闰四月，曾几把自己居住的孔雀寺东庑小室命名为“横碧轩”，并邀请朋友赋诗唱和，吕本中应约写了一首五言古诗《曾吉父横碧轩》，诗中说：“僧居隔长溪，屋古柱础润。不知市声远，但觉山色近。开轩有馀地，草木当夏盛。……悠然有遐想，此语君所印。”远离闹市，寄情山水，每天生活其中，难道不快乐吗？这首诗看似是吕本中在写曾几的住所，何尝不是在写自己呢？吕本中在人生的晚年得到了山水的馈赠。后来，韩元吉为吕本中、曾几的住处写了《两贤堂记》，这个韩元吉不是别人，正是吕祖谦未来的岳父。

绍兴十四年（1144），吕本中的病情更加严重了。他在一首诗中说：“疾病深藏一事无，眼从昏涩废看书。”疾病加重，眼睛模糊，吕本中已经看不清书了。作为一个学者、诗人，生活的穷困是可以忍受的，但无法看书是难以忍受的，因为这就好比断送了他的艺术生命。绍兴十五年（1145）七月初十，垂垂老矣的吕本中走到了人生的尽头，享年六十二岁。吕本中去世后，家人暂时把他的灵柩葬在上饶城北十里的德源山，以待来日天下太平以后和吕氏家族的先人们埋葬在一起。

吕本中离世以后，他的亲戚、朋友、弟子都不胜哀叹，许多亲友都给他写了挽诗、祭文。吕本中的学生汪应辰在《挽吕舍人二首》中说：

连蹇成遗老，才闻直禁林。

是非终不屈，进退了无心。

万事邯郸梦，千秋正始音。

心知公不朽，霣涕自难禁。

因为宋金两国的战争，吕本中成了南渡的遗老，在江南漂泊十年。但作为学者和诗人，吕本中的才学还是得到了朝廷的注意。绍兴六年到绍兴八年，吕本中两次还朝。但是，因为不在秦桧面前屈服，吕本中最终被秦桧党羽排挤离朝。两年的从政经历，如同黄粱一梦，最终落空。其实，吕本中对官场的进退是不太在意的，他在意的还是大是大非问题。孟子曾经说过："恻隐之心，仁也；羞恶之心，义也；恭敬之心，礼也；是非之心，智也。仁义礼智，非由外铄我也，我固有之也，弗思耳矣。"吕本中出自理学世家，对孔孟之学有着深入的研究，他坚持在大是大非面前站稳立场，这是吕氏家族优良家风在他身上的自然流露。如今，吕本中驾鹤西游了，但是他的精神永存。汪应辰作为吕本中的学生，每当想起先生的音容笑貌，不免涕泪沾襟。

吕本中离世十年以后，秦桧病逝，秦桧党羽树倒猢狲散。又过九年是隆兴二年（1164），此时在位的皇帝是宋孝宗。有臣僚上奏说："本中问学淳正、行义修明，太上皇帝（宋高宗）擢为中书舍人，因忤秦桧罢黜，流落至死，迄无职名。"朝廷追念吕本中的为人，于是追复吕本中为敷文阁待制，并允许吕本中的儿子吕大猷承接父亲的恩泽。

第五节　江西诗派，紫微学案

吕本中是诗人，也是学者。作为诗人，吕本中著有《东莱先生诗集》二十卷、《东莱先生外集》三卷、《紫微诗话》一卷、《童蒙诗训》等著作。据统计，吕本中目前存世的诗有一千三百多首，词有二十七首，是一位名副其实的大诗人。吕本中出自东莱吕氏家族，家族庞大，交际广泛。在一生的羁旅生涯中，吕本中与很多诗人结下了深厚的友谊。通过提炼总结，吕本中创作出《江西宗派图》和《江西宗派图序》，该图、序的发表标志着诗学流派“江西诗派”的得名和正式确立。

除了诗人，吕本中还是一位学者。作为学者，吕本中著有《春秋集解》三十卷、《吕氏大学解》一卷、《童蒙训》三卷、《官箴》一卷、《紫微杂说》一卷、《紫微杂记》一卷、《轩渠录》一卷、《师友杂志》一卷等著作。东莱吕氏家族是文化世家，从吕公著到吕延年，吕氏家族共有七世二十二人登上《宋元学案》。其中，《宋元学案》专门为吕希哲设置了

“荥阳学案”，为吕本中设置了“紫微学案”，为吕祖谦设置了“东莱学案”，而吕本中在吕氏家学中发挥了承上启下的作用。值得一提的是，吕氏家族不仅重视家学的传承，而且还将中原文献传播到江南。两宋之际，吕好问、吕本中父子流寓江南，他们携带了许多家传文献。吕好问去世以后，吕本中通过聚徒讲学传播了中原文化，这是吕氏家族对中华文化的巨大贡献，“有中原文献之传”也成了人们对东莱吕氏家族的美称。

一、江西诗派诗人

东莱吕氏家族不仅是官宦世家，而且是文化世家，该家族在理学、史学、文学等各个方面都取得了辉煌的成就。就诗歌而言，被收入《全宋诗》的东莱吕氏族人如下：吕蒙正、吕夷简、吕公著、吕公弼、吕昌明（吕蒙正孙，公字辈）、吕希哲、吕希纯、吕希彦、吕仲甫（吕蒙正曾孙，希字辈）、吕钦问、吕嘉问、吕本中、吕存中、吕稽中、吕行中、吕愿中、吕祖谦、吕祖俭、吕祖仁、吕祖平、吕祖异等。由此可见，吕氏家族的诗歌创作还是很丰富的，吕本中在吕氏家学的滋养下成长为两宋之际的一代著名诗人。

通过翻检《东莱先生诗集》，我们发现诗集的第一篇是《暮步至江上》，该诗创作于崇宁初年，此时吕本中二十岁左右。可以推知，吕本中在二十岁以前就已经开始写诗了。吕本中的学生林之奇也在一篇文章中说：“吕先生在二十岁以前曾写过一首《滕王阁》诗，诗中说：‘小艇原从天上来，白云自向杯中落。’当时的前辈看到这两句诗，都佩服他写得很精当。我还记得吕先生的哲嗣吕大同说过，吕先生在少年时写过‘春尽茅檐低着燕，日高田水故飞鸥’这样的诗句，苏黄门（即苏辙）看到以后说：‘这个人将来一定会以诗名扬天下。’”由此可知，吕本中在少年时是有作诗的天赋的。

其实，吕本中会作诗与他的祖父吕希哲有着必然的联系。吕希哲在年轻时曾从游于胡瑗、孙复、邵雍、程颐、王安石等诸位先生，是一位品德高尚、学识渊博的人。绍圣四年（1097），吕希哲作为元祐党人遭到贬谪，但因为其人格和学术魅力，在他的周围仍然聚集了很多才俊。从绍圣四年被贬到政和六年（1116）去世，吕希哲收下了汪革（1071—1110）、汪莘、黎确、谢逸（1068—1113）、谢薖（1074—1116）、赵演、饶节（1065—1129）、颜岐等弟子。吕好问、吕切问作为儿子，吕本中作为孙子，一并在吕希哲门下学习。尽管吕本中比饶节、汪革等人小十几岁，但这并没有妨碍吕本中与他们的交往，吕本中在与他们的交游唱和中喜欢上了作诗，并不断提升作诗的能力。

崇宁元年（1102），因为蔡京等人的迫害，吕希哲被贬谪到宿州符离居住。当时，抚州临川（今江西临川）人汪革在宿州为官，福建邵武军（治所在今福建邵武）人黎确寄居在宿州岳父家，汪革的老乡饶节也客居宿州。汪革、黎确、饶节早就倾慕吕希哲的学问，所以不惧党争，欣然拜吕希哲为师。稍后，吕本中与汪革等人组成符离诗社，吕氏弟子在诗社里相互唱和，其诗名不断提高。与此同时，在汪革的介绍下，临川人谢逸向吕希哲献上自己的著作，并以老师之礼侍奉吕希哲。大观年间，谢逸的从弟谢薖到京师参加科举考试，在回临川途中到符离拜谒吕希哲。谢薖对吕本中说：“我经常读你写的诗，我觉得你的诗很值得推重。”由此，吕本中与谢逸、谢薖兄弟定交。后来，人们将饶节、谢逸、汪革、谢薖并称为“江西诗派临川四才子”。

同样是因为汪革等人，吕本中还认识了另一位江西诗人徐俯（1075—1141）。徐俯，字师川，号东湖居士，洪州分宁（今江西修水）人。徐俯七岁能诗，自幼受到舅父黄庭坚（1045—1105）的器重，年过三十已经获得江西诸人的崇拜。徐俯在读到吕本中的诗以后说：“居仁的诗写得很好，其水平已经超过江西诸人了！”大观二年（1108），吕本中随侍父亲吕好问到真州为官，行至楚州时，吕氏一家遇到了汪革和洪炎。洪炎，与兄弟洪朋、洪刍、洪羽并称为“豫章四洪”，他们也是黄庭坚的外甥，在诗歌创作上同样受到黄庭坚的熏陶。

除了徐俯、“豫章四洪”，吕本中还与黄庭坚的表侄李彭结下了深厚友谊。李彭，字商老，南康建昌（今江西永修）人，与庐山诗僧祖可、善权并称为“南康诗人”。大观二年三月，吕本中在诗友之间发起了一个唱和活动。吕本中在《用前韵寄商老》中说：“只今江西二三子，可到元和六七公。”吕本中说，徐俯、李彭等人形成了一个江西诗人群，这个群体就好比唐朝元和年间的诗人群。当年，韩愈、孟郊、贾岛、元稹、白居易、刘禹锡、柳宗元等人在无形中组成了一个元和诗人群，该群体的出现营造出唐代诗歌史上继李白、杜甫之后的第二高峰。李彭在收到吕本中的诗后，用同样的韵写了好几首诗，其中一首叫《次韵寄居仁二弟（隆礼、敦智）》，诗中说：“荀家兄弟俱奇绝，时听淮南好国风。”“荀家兄弟”用的是东汉时期颍阴荀氏的典故，东汉荀淑有八个儿子，并有才名，人称“荀氏八龙”。李彭称颂吕本中、吕弸中、吕用中兄弟就像“荀氏八龙”一样，不断延续吕氏家族的好家风。

大观四年（1110），徐俯、洪刍、洪炎等人在洪州南昌结成诗社，因南昌别名豫章，黄庭坚又称黄豫章，故名“豫章诗社”。豫章诗社以徐俯为盟主，洪朋、苏坚、苏庠、潘錞、吕本中、汪藻、向子諲、张元干、谢逸、谢薖、李彭等人也参与其中。豫章诗社，以江西为中心，把不同地域的诗人联系起来，该诗社的创立是宋代诗歌史上的一大盛事，为吕本中诗歌创作的成熟和诗学理论的升华提供了重要平台。

洪州是江西的文化中心，著名诗人黄庭坚就是洪州人。在黄庭坚的影响下，江西诞生了一大批诗人，这批诗人通过当面向黄庭坚请教或者学习黄庭坚的诗学理论，迅速成长起来。政和元年（1111），经过相互交游和反复酝酿，吕本中把受到黄庭坚影响的江西诗人流派命名为“江西诗派”，并创作出《江西宗派图》和《江西宗派图序》。如今，吕本中的《江西宗派图》原作已经逸失了，不过我们还可以从胡仔的《苕溪渔隐丛话前集》中一探究竟：

> 苕溪渔隐曰：吕居仁近时以诗得名，自言传衣江西，尝作《宗派图》。自豫章以降，列陈师道、潘大临、谢逸、洪刍、饶节、僧祖可、徐俯、洪朋、林敏修、洪炎、汪革、李錞、韩驹、李彭、晁冲之、江端本、杨符、谢薖、夏倪、林敏功、潘大观、何颙、王直方、僧善权、高荷，合二十五人，以为法嗣，谓其源流皆出豫章也。

因为自身的才学和对“江西诗派”的贡献，吕本中得到了许多文人的推崇。

政和二年（1112），谢逸要到京师开封参加省试，此时吕本中正在京师游历。因此，谢逸给吕本中写了一封信，信上说："当今之世，主持海内文坛的，只有我弟居仁一个人而已。"谢逸又对吕本中的表弟赵楠说："有人认为居仁的诗很像老杜（杜甫）、山谷（黄庭坚）的诗，我认为这种说法不对。杜诗自是杜诗，黄诗自是黄诗，居仁的诗自是居仁的诗啊！"同样是政和年间，建昌南丰（今属江西抚州）人曾续写了一组诗，赠给颜岐、关沼、高茂华、韩驹、吕本中等人，题为《十友诗》，其中《赠吕居仁》这样写道：

吕家三相盛天朝，流泽于今有凤毛。

世业中微谁料理，却收才具入风骚。

政和四年（1114），三十一岁的吕本中入仕为官，但这并没有妨碍他与其他诗人的交游，也没有妨碍他的诗歌创作。靖康元年（1126），吕本中正在京城为官，这让他目睹了"靖康之变"。战乱期间，吕本中写了一系列诸如《守城士》《兵乱寓小巷中作》《城中纪事》《兵乱后自嬉杂诗（二十九首）》等这样的围城纪事诗。吕本中的学生曾季狸在《艇斋诗话》中说："吕东莱围城中诗，皆似老杜。"诗圣杜甫当年用诗来记录"安史之乱"，他的诗被称为"诗史"，由此推之，吕本中的围城纪事诗就是记录"靖康之变"的"诗史"。

靖康之变后，吕本中成为南渡诗人，他创立的"活法"理论影响了当时的诗坛。绍兴三年（1133），吕本中在《夏均父集序》中明确提出了"活法"理论。他说："学诗当识活法。所谓活法者，规矩备具，而能出于规矩之外；变化不测，而亦不背于规矩也。"夏均父，即夏倪，名列"江西诗派"。夏倪自幼能文、为人和善，他的妻子也很贤惠，常常让他多和贤士大夫交游。因此，夏倪与赵演、汪革、饶节多有交集，而吕本中通过这些亲友与夏倪定交。绍兴三年初春，夏倪已经去世六年了，这时夏倪的儿子在岭南遇到了吕本中。夏倪之子拿出夏倪的诗集，请求吕本中为诗集作序，吕本中欣然同意，随即写出《夏均父集序》，并在该序中系统阐释了“活法”理论。

随着“活法”理论的传播，吕本中在南宋诗坛的影响越来越大，他的才学也得到很多人的钦羡。但是，吕本中在仕途上并没有那么顺利。绍兴八年（1138），吕本中被秦桧排挤出朝廷，七年后带着遗憾病卒，他没有等到朝廷为他平反的那一天。直到隆兴二年（1164），吕本中被追复为敷文阁待制，他的荣誉得到恢复。第二年，吕本中的好友沈宗师之子沈度决定整理吕本中诗集，这就是《东莱先生诗集》二十卷。一年以后，诗集整理完成，沈度邀请吕本中的好友曾几为诗集写一篇序，此时曾几已经是八十多岁高龄了。曾几在《东莱先生诗集后序》中回忆了向吕本中学诗的经历。曾几记得吕本中说过：“规模既大，波澜自阔，少加治择，功已倍于古矣。”后来，曾几把这句话当作自己的座右铭，这句话也影响了他三十多年。《东莱先生诗集后序》写成不久，曾几魂归道山，两位挚友在另外一个世界会合了。

此外，南宋著名诗人陆游（1125—1210）从小就阅读过吕本中的诗，对吕本中非常仰慕。绍兴九年（1139），陆游本打算师从吕本中，但因为年龄尚小，未能远游。后来，陆游二十来岁，但吕本中已经去世了，不能亲炙吕先生，这成了陆游终身的遗憾。绍兴二十一年（1151），陆游从游于曾几之门，他间接获得了吕本中的教诲，曾几也对陆游说：“君之诗渊源殆自吕紫微”。庆元二年（1196），吕本中的孙子吕祖平又裒辑了吕本中的一些文章准备出版，这就是《吕居仁集》。书成以后，吕祖平请求陆游为该集作序。陆游在《吕居仁集序》中说：“（吕居仁）诗文，汪洋闳肆，兼备众体，间出新意，愈奇而愈浑厚，震耀耳目，而不失高古，一时学士宗焉。”“一时学士宗”体现了吕本中在南宋学人心目中的崇高地位。

陆游之后，学人们对吕本中的评价很高。刘克庄（1187—1269）在《〈中兴绝句续选〉序》中将吕本中视为南渡之后的“大家数”。赵蕃（1143—1229）在《寄刘凝远峦四首·其三》中说：“少陵衣钵在涪翁，传述东莱得正宗。”诗中的“少陵”是杜甫，“涪翁”是黄庭坚，而“东莱”就是吕本中。后来，“江西诗派”体系进一步完善，杜甫、黄庭坚、陈师道、陈与义并称为“江西诗派”的“一祖三宗”，吕本中成为“江西诗派”的正宗传人，曾几也被补入“江西诗派”。

二、紫微学案案主

人们常言：“君子之泽，五世而斩。”意思是说，君子的家业，经过五代就消耗殆尽了。但是，东莱吕氏家族是宋代首屈一指的文化世家，它的家业绵延了十代。为什么东莱吕氏家族会有这样辉煌的成就呢？这与该家族注重家学的传承有着必然的联系。东莱吕氏家族向来主张“不名一师，不主一门，不私一说”，吕氏家族在兼容并包、择善而从的学术氛围中不断延续，并创造了宋代家族史上的伟大传奇。

《宋元学案》是由清代学者黄宗羲、黄百家、全祖望等人编纂的宋元学术史。该书注重学者的师承、流派和评说，系统梳理了宋元时期的学术谱系。东莱吕氏家族既注重绍续家学，又强调转益多师，在《宋元学案》中留下浓墨重彩的一笔。《宋元学案序录》中说：“宋之公相家讲学以永其世者，莫如吕氏。”从吕公著到吕延年，东莱吕氏家族共有七世二十二人登上《宋元学案》。

从《宋元学案》东莱吕氏传承谱系中，我们发现从吕公著到吕延年，吕氏家族经历了公、希、问、中、大、祖、年七代，七代人不断接力，促使吕氏家族的家学有继，斯文不坠。这是吕氏家族的家风使然，也是吕氏家族的责任使然。说到责任，吕氏家族不仅对本家族有责任感，而且对国家也有责任感。靖康之变以后，中原故土成了金国的领土，一批宋人被迫南迁。对当时的南宋而言，中原的国土已经丧失了，但中原的文化绝对不能丧失。吕本中世受国恩，遍访名师，积累了丰富的中原文献，他立志要把中原文献传播到江南。吕祖谦在《祭林宗丞文》中说：

> 昔我伯祖西垣公，躬受中原文献之传，载之而南，裴回顾望，未得所付。逾岭入闽，而先生与二李伯仲实来，一见意合，遂定师生之分。于是嵩洛关辅诸儒之源流靡不讲，庆历、元祐群叟之本末靡不咨。以广大为心，而陋专门之暖昧；以践履为实，而刊繁文之枝叶；致严乎辞受出处，而欲其明白无玷；致察乎邪正是非，而欲其毫发不差。

林宗丞，即林之奇，他是吕本中的弟子、吕祖谦的老师，西垣公即吕本中。其实，在南渡以后，吕本中收了很多弟子，这些弟子是他在不同时期收下的，共分为三批，吕本中通过聚徒授学实现了他将中原文献传播到南方的愿望。

（一）临川聚徒

绍兴二年（1132）冬，吕本中、吕弸中兄弟正在桂林为父亲吕好问守丧，这时他们收到了江南贼寇被平的消息。怀着对故土的思念，他们决定越岭北归。绍兴三年（1133）初春，吕氏一家离开了岭南。这年秋天，他们抵达了江西临川。临川对吕本中来说并不陌生，因为他的好友饶节、汪革、谢逸、谢薖都是临川人，但遗憾的是如今这四个人都已经故去了。物非人亦非，不禁令人慨叹。

为了传播中原文献，吕本中、吕弸中把这些故人子弟聚集在一起，进行讲学。参加聚学的有曾季狸、曾季直、曾发、范顾言叔侄、晁公庆等。与此同时，吕大猷、吕大同、吕大器、吕大伦兄弟也跟着吕本中、吕弸中学习。其中，大猷、大同是本中之子，大器、大伦是弸中之子。

五年以后，吕本中已经官至中书舍人兼侍讲，当他听说大伦和三曾、二范仍然在一起聚学，于是写了一组诗勉励他们，题为《闻大伦与三曾二范聚学并寄夏三十一四首》，其中第一首说：

我思临川居，欲往意未慊。每怀三二子，岁月多荏苒。

后生慎所习，正是丝在染。未须极轩昂，且须就收敛。

举动思故人，此志岂不远。才虽有高下，事亦要强勉。

愿为江海深，莫作盆盎浅。

题目中的“三曾”即曾季狸、曾季直、曾发兄弟，其中曾季狸、曾季直是“唐宋八大家”之一曾巩二弟曾宰的曾孙，曾发是曾巩四弟曾肇的曾孙；“二范”即范顾言叔侄；夏三十一疑为夏倪之子。吕本中在这首诗中勉励弟子，要懂得“染丝”的道理，《墨子·所染》上说：“染于苍则苍，染于黄则黄，所入者变，其色亦变，……故染不可不慎也！”丝用青色染就成了青色，用黄色染就成了黄色，颜料变了，丝的颜色也就变了，所以染色不能不谨慎啊！其实，学习也是一样的，“近朱者赤，近墨者黑”，弟子们要慎重选择学习的对象和内容。除此之外，吕本中勉励弟子要把学问做扎实，不要停于表面，人的才干是有高下之分的，但努力是要一视同仁的，钻研是不能止步的。吕本中这首诗体现了他对弟子们的谆谆教诲。

在吕本中的这一批学生中，曾季狸、曾发最为知名。曾季狸，字裘父，号艇斋，临川人。他早年参加科举考试，但是没有考中，后无意仕途，一心向学。宋室南渡以后，曾季狸遍访名师，江西诗派徐俯、韩驹、吕本中都成了他的老师。但是，在道统上，曾季狸以吕本中为宗，他与吕本中的书信往来也最多。曾季狸一生著有《论语训解》《艇斋杂著》《艇斋师友尺牍》《艇斋诗话》等书，其中《艇斋诗话》对吕本中的诗多有评论。曾发，字信道，绍兴二年进士，初为临川掾，后为吉州教授。他的儿子曾撙与吕本中的侄孙、吕大器的儿子吕祖谦为同年进士。曾撙收藏了一封师爷吕本中给他父亲曾发的书简。有一天，曾撙把这封书简送给吕祖谦，吕祖谦在书简的背后写了一篇文章，即为《题伯祖紫微翁与曾信道手简后》。吕祖谦在这篇文章中转述了父亲吕大器在临川聚学的情形，吕大器曾回忆说，吕本中在临川讲学时“亲指画，孜孜不怠”。

（二）福州讲学

绍兴四年（1134），吕本中从江西入闽，来到福州寓居。吕本中在福州住了两年，收下了第二批弟子。在这批弟子中，以林之奇、李楠、李樗

（chū）三人作为代表。

林之奇（1112—1176），字少颖，号拙斋，世称三山先生，福州侯官（治所在今福州）人。吕本中入闽时，林之奇才二十多岁，他立志向学，迫不及待地拜吕本中为师。吕本中教诲林之奇，做学问要“以广大为心”“以践履为实”，这实际上也是东莱吕氏家风的真实写照。林之奇严格按照吕先生的教诲来研究和实践，最终堪称吕氏门人中的“高弟”。绍兴五年（1135），林之奇要到行在临安参加科举考试，在临行之时，吕本中为自己的得意弟子写了一首赠别诗，题为《送林之奇少颖秀才往行朝》：

我为福堂游，破屋占城市。
城中几万户，所识一林子。
蓊然众木中，见此真杞梓。
未为栋梁具，且映风日美。
…………
今来赴行朝，学已优则仕。
穷通决有命，所愿求诸己。
圣贤有明训，不在于青紫。
丈夫出事君，邪正从此始。

在这首诗中，吕本中毫不掩饰他对林之奇的赞美，他认为林之奇是栋梁之材，虽然目前还没有大放异彩，但已经崭露头角。如今，林之奇要到临安参加礼部试，这是人之常情，《论语》上都说了，“学而优则仕”嘛！但是，吕本中还是要叮嘱林之奇，在仕途上有所发展不是最终目的，关键的是要求诸己、辨邪正。《孟子》说："行有不得者，皆反求诸己，其身正而天下归之。"遇到挫折，要多从自身找原因，只有自身端正了，天下人才能信服他。端正心态，坚守正义，这是作为臣子的开始。由此可见，要想做一名清正廉洁的官员，必须要具备过硬的心理素质和道德素质。收到先生的赠别诗后，林之奇整装出发了，他将老师的嘱托牢记在心。但是，林之奇的这次科考之路还是没有走到尽头，他在行至衢州时，因为不能忍受远离父母，而原路折返了，是"百善孝为先"的念头改变了他的行程。

回到吕本中身边以后，林之奇更加努力学习。后来，吕本中离开福建，林之奇遵照师嘱，以闽中诸贤陆祐、方德顺、胡宪、刘勉之等人为师，学问更加精进。绍兴二十一年（1151），林之奇在四十岁的年龄高中进士。绍兴二十九年（1159），林之奇由宗正丞提举闽舶，后又落职返乡，讲学著书。林之奇曾著有《拙斋集》二十卷，吕本中侄孙吕祖谦是他的得意门生。

李楠字和伯，李樗字迂仲，他们是林之奇的表兄弟，同样为福州侯官人。吕本中入闽，二李和林之奇最早向吕本中拜师，三人从吕本中那里获得了程颢、程颐的学问。在共学过程中，林之奇说李楠很像唐朝的元德秀，而李樗很像东汉的黄宪，元德秀淳朴，没有功利之心，黄宪正直，不与世俗同流合污，两位先贤都是众人学习的对象，二李的人品也得到了闽中诸生的推崇。

绍兴十二年（1142），吕本中已经离开福建六年了，但他还牵挂着林之奇、李楠、李樗这些弟子。在《和伯、少颖、迂仲将归福唐，偶成数诗，欲奉寄无便，未果也，辰叔常季南还，因以奉送》这组诗的第一首，吕本中提出了对弟子的表扬，诗中说：

纷纷走道途，扰扰杂泥滓。
既为风俗移，又以血气使。
百川灌河来，夫岂有涯涘。
故人林与李，始可与语此。

在无数人行走的道路上，存在着很多污泥浊秽，这些污秽既是风俗造成的，又与人的境界有关系。《庄子·秋水》讲了这样一个故事：秋天河水上涨，无数小河里的水都注入大河里来，水势浩渺，连两岸的牛马都分辨不清楚。河伯扬扬得意，他认为天下的美都集中在自己的身上了。可是，等他从河岸出来，汇入大海，他才发现自己太浅陋了。所以，境界太小，无法理解大道。只有境界高了，才能理解并谈论大道。林之奇和二李践行了吕本中"以广大为心"的理念，他们是可以谈论大道的人。

（三）离朝传道

绍兴八年（1138），吕本中因为触犯秦桧，落职离朝，他在朝中待了仅仅两年的时间。离朝后，吕本中寓居严州、衢州、信州等地，并在这里招收了第三批弟子。这些弟子包括汪应辰、王时敏、章宪、章悊（zhé）、周宪、王师愈、方畴、方丰之等人。

汪应辰（1118—1176），字圣锡，谥号文定，信州玉山（今江西玉山）人，世称玉山先生。汪应辰是吕本中的得意弟子，《宋元学案》专门为他设立了"玉山学案"，后来吕祖谦也师从于他。汪应辰自幼天资聪颖，绍兴五年（1135）就高中进士，此时他才十八岁。三年以后，汪应辰因反对议和遭到秦桧的罢黜。被罢黜以后，汪应辰寓居在衢州常山永年寺，此时吕本中也在衢州，所以汪应辰有幸拜吕本中为师。绍兴十三年（1143），汪应辰来看望吕先生，并请求吕先生为尤美轩题一首诗。尤美轩在玉山县小叶村，这座小轩是汪应辰的岳父喻樗在做县尉时命名的，取自欧阳修《醉翁亭记》里的“林壑尤美，望之蔚然”。几年以后，尤美轩旧址改建成寺庙，新尤美轩被移到山下，汪应辰邀请吕先生为新轩题一首诗。吕本中欣然答应，并写下这首《尤美轩在玉山县小叶村，喻子才作尉时名之，取欧阳文忠公〈醉翁亭记〉所谓“林壑尤美，望之蔚然”者，后数年，旧轩既毁复作寺，僧移轩山下，汪圣锡要诗叙本末，因成数句寄之》。诗中说：“名轩曰尤美，尽去眼界窄。坐令欧阳公，余意转明白。”从尤美轩向四周看，眼界放宽，一切美景尽在眼中。通过这句话，吕本中其实也是在勉励汪应辰要“以广大为心”，做学问如此，心态更应如此。

王时敏，字德修，信州上饶（今江西上饶）人。王时敏先从吕本中问学，后来吕本中将他推荐给尹焞，所以王时敏的传记在《和靖学案》。王时敏一生著有《师说》《语孟中庸大学说》及《杂文》若干卷，朱熹曾向他学习尹焞的学说。

章宪，字叔度，章悊，字季明，兄弟两人本是建州浦城（今属福建南平）人，后来父亲章甫将家迁徙到吴地的黄村。值得一提的是，章甫是吕弸中的岳父，所以章宪、章悊是吕大器的舅父。二章兄弟最开始师从杨时，后来师从王苹、吕本中。吕本中对二章兄弟评价说：“叔度兄弟学习特别勤奋，在向我问学的时候特别郑重，将来一定会大有成就。”

周宪，字可则，信州永丰（今属江西吉安）人，先师事吕本中，后卒业于王苹。王苹世称震泽先生，周宪曾辑有《震泽记善录》。在《震泽记善录·自序》中，周宪说：“我曾经从游于吕舍人之门，吕舍人常常教诲我要明辨是非邪正，知道什么时候出仕和退隐，懂得该得什么不该得什么，然后用这些理论指导自己的实践。吕舍人的理论详细记载在《童蒙训》和《春秋集解》当中，所以我不再重复记录。后来，吕舍人的疾病一天比一天重，他知道自己大限将至，于是写信给震泽先生说：‘周宪秀才朴实厚道，人见人爱。他有志于研究道学，期望您好好教诲他。’不幸的是，这则书信刚刚写完不久，吕舍人就去世了。稍后，曾文清公（曾几，谥号文清）又写信重申吕舍人的意思，我于是得以向震泽先生求学。”

王师愈（1122—1190），字与正，金华人。早年，王师愈跟随潘良贵问学，后来潘良贵将王师愈引见给杨时，王师愈向杨时学习了《周易》和《论语》。离开杨时后，王师愈又投入到吕本中门下，吕本中为王师愈解说了前代诸老的嘉言懿行。王师愈病逝后，朱熹为他写了墓志铭。墓志铭上说：“（王与正先生）有本有文，德望隐然为东州之重。”《礼记》上说：“先王之立礼也，有本有文。忠信，礼之本也；义理，礼之文也。”在诸位先生的引导下，王师愈将忠信义理深深地根植在自己的内心里。

方畴，字耕道，信州弋阳（今属江西上饶）人，学者称为困斋先生。方畴是宰相赵鼎的门客，有一天，赵鼎对方畴说：“我所引荐的官员，像常同、胡寅、张致远、张九成、潘良贵、吕本中、魏矼等人，都是士望很高的人，我保证他们将来不会出什么差错，也不会反过来害我。”当时方畴还不敢确定，后来事实果然如赵鼎所说，方畴才相信赵鼎有知人之明。吕本中离朝后，方畴跟从吕本中问学，吕本中引用胡瑗弟子顾临的话劝勉方畴："守至正以待天命，观物变以养学术。"后来，方畴把自己居住的堂屋命名为"守正堂"和"观养堂"。方畴还说："我将朝夕居住在这里，以不忘吕居仁先生的教诲。"

方丰之，字德亨，仕至监镇，世称监镇先生。方丰之是福建路兴化军莆田人，但他仰慕吕本中的师名，专程到信州向吕本中求学。方丰之学成东归时，吕本中专门写了一首四言古诗送给他，题为《送方丰之秀才归福唐》：

今子归矣，岁亦有秋。何以告子，惟圣之求。
水流有源，木生有根。惟源与根，入德之门。
求圣根源，惟正之守。正之不守，弃师背友。
丝毫之伪，勿萌于心。无有内外，亦无浅深。
由此则圣，舍此则病。是以君子，所守先正。
于以赠别，亦以自警。为别后思，且以三省。

从这首诗中，我们也可以看出吕本中依然在用"守正"之说劝勉方丰之，"守正"是学做圣贤的根源，必须严格遵守。后来，方丰之也特别擅长写诗，诗作保持了吕本中的余风，朱熹和陆游都为方丰之的诗集作过序。

第六节　童蒙训家，官箴传世

《易经》上说：“蒙以养正，圣功也。”意思是说，从童蒙时期开始，就要对儿童施以正确的教育，这是培养圣贤的根基。古往今来，许多家族都很重视童蒙教育，由此产生了很多家训家规和童蒙教材。例如，北齐颜之推有《颜氏家训》，北宋张载有《正蒙》，司马光有《家范》，两宋之际的赵鼎有《家训笔录》，而吕本中著有《童蒙训》。

吕本中的原本《童蒙训》内容很丰富，“自立身、行己、读书、取友、抚世、酬物，仕州县、立朝廷，纲条本末，皆有稽据”。南宋以后，《童蒙训》拆分为今本《童蒙训》《童蒙诗训》和《官箴》三本书，它们分别对应修己立身、写诗作文、居官应世三个方面。吕本中是大诗人，写诗作文是他的本职工作，所以他期望把鉴赏写作的技巧传诸后世，这是显而易见的。关于作诗，我们已经在第五节做了说明，本节我们将通过今本《童蒙训》和《官箴》了解吕本中和吕氏家族的家风。

一、童蒙训家

东莱吕氏家族注重“中原文献之传”，这种中原文献不仅要惠及弟子，更要作为家学传之后人。所谓“中原文献”，就是由中原传播过来的典章制度和嘉言懿行。吕本中生活在两宋之际，他所要传承的是北宋以来的历史文化，包括北宋的典章制度和北宋先贤在交游过程中所体现出来的处世原则。《易经·大畜》上说：“君子以多识前言往行，以畜其德。”意思是说，君子可以通过多了解前人的嘉言善行来提升自己的德行。那么，如何才能了解前人的交游和言行呢？吕本中给我们提供了一个好办法，那就是将所见所闻的前人言行记录和整理出来，这就是《童蒙训》。由此，《童蒙训》成为吕本中训蒙授课的课本。

吕本中是北宋宰相吕公著的重孙、侍讲学士吕希哲的长孙、尚书右丞吕好问的长子。吕本中出生时，吕公著还健在。吕公著去世后，吕本中在祖父吕希哲的身边生活，接触了很多元祐遗老，吕本中对这些元祐遗老的逸闻逸事了如指掌。此外，吕本中还拜见了杨时、游酢、尹焞等名师，这些先圣先贤的伟大人格深深地影响了吕本中的一生。靖康二年（1127），吕本中携中原文献南迁，他期望把这些前人的嘉言懿行整理出来，以惠后学。但是，因为宋金战争的缘故，他的这一计划一再拖延。

直到绍兴三年（1133），吕本中在临川招收第一批弟子时，陆续完成了《童蒙训》的写作。当时，吕大器跟从伯父吕本中就学，他把《童蒙训》手写了一部并一直收藏在自己身旁。乾道八年（1172），吕大器病卒，《童蒙训》分别传给了他的长子吕祖谦、次子吕祖俭和幼子吕祖烈。庆元四年（1198），吕祖俭去世，《童蒙训》传到他的儿子吕乔年手里。

嘉定八年（1215），丘寿隽守金华，得到吕大器手写、吕乔年订正的《童蒙训》稿本。因为这个稿本是吕氏家族所藏，所以是市面上流行的版本当中最好的。丘寿隽决定出钱五万，将这个稿本刊刻成书。当时，吕祖谦的弟子、南宋著名学者楼昉正在担任婺州州学教授，丘寿隽对楼昉说："过去，我的父亲文定公（丘崈，谥文定，抗金名将，1135—1208年在世）时常用《童蒙训》来教育子侄。作为长子，我每天诵习该书，从中获益良多。所以，入仕以后，我就想着寻找《童蒙训》善本，把它刊刻成书。这样，就有更多的人能读到这本好书了。如今，《童蒙训》善本找到了，我希望您帮我写一篇跋，附在这本书的后面，以使所有读者都能知道该书传承、刊刻的来龙去脉。"楼昉欣然同意，并于嘉定八年中秋节写成了这篇跋。后来，人们把楼昉作跋的《童蒙训》版本称为嘉定本。

楼昉在嘉定本跋上说："（《童蒙训》）大要欲学者反躬抑志，循序务本，切近笃实，不累于虚骄，不骛于高远，由成己以至成物，岂特施之童蒙而已哉，虽推至天下国家可也！"《童蒙训》原本是吕本中训诲子侄和弟子的童蒙课本，东莱吕氏家族把它当作自己的家训，不断传承。但是，楼昉说，《童蒙训》的价值远远超过了童蒙阶段和家族范畴，即使把它推广给全国所有人也是可以的。

绍定二年（1229），李埴（zhí）来到金华做郡守，他也获得了吕祖烈收藏的《童蒙训》稿本。李埴以此本为底本，把嘉定本楼昉的跋放在前面作序，并在玉山堂出版，这就是《童蒙训》绍定本。嘉定本和绍定本是

《童蒙训》正式出版的最早版本。

今本《童蒙训》共有3卷，是一种类似于《论语》的语录体。吕本中的童蒙思想“本于家族”，《童蒙训》记录最多的是他的曾祖父正献公吕公著和祖父荥阳公吕希哲。据统计，《童蒙训》中涉及吕公著的语录有21则，涉及吕希哲的有47则，此外《童蒙训》还记录了吕本中的伯曾祖惠穆公吕公弼、叔祖待制公吕希纯、父亲东莱公吕好问、叔父吕切问、姑父赵演等亲戚。以这些先辈为中心，《童蒙训》还记载了先辈与时人的交游情况，例如胡瑗、周敦颐、邵雍、张载、二程、李常、徐积、李潜等人都和东莱吕氏族人有过密切交往。接下来，我们将从修身、处世、治学三个方面来了解今本《童蒙训》的主要内容：

（一）修身：言行思善，立诚守正

吕本中常说：“德无常师，主善为师。”由此可见，吕本中在拜师的时候以“主善”作为重要标准。其实，吕本中在《童蒙训》中也特别强调“善”的思想。徐积，字仲车，与吕希哲同为安定先生胡瑗的弟子。作为楚州教授，徐积有一天升堂训谕诸生说：“诸位都想做君子，但如果做君子劳力费财，那么不做君子也是可以的；如今，做君子既不劳力，又不费财，诸位为什么不做君子呢？乡亲们鄙视君子，父母厌恶君子，那么不做君子也可以；如今，父母想让你做君子，乡亲们以君子为荣，诸位为什么不做君子呢？”徐积又说：“在言论、行为和思想上都以善为本，这样还成不了君子，那是不可能的；在言论、行为和思想上处处作恶，这样还成不了小人，那也是不可能的。”徐积劝勉诸生做君子，并强调“善”是做君子的前提，他是这样说的，也是这样做的。徐积在家里养了几条狗，后来这些狗繁衍成几十条，徐积一直养着，不肯送给别人。有人问他为什么这样做，徐积回答说："我不忍这群狗母子分离啊！"吕本中通过徐积的语录向世人播下了"善"的种子。

在修身方面，吕本中还强调做人要诚实。李常，字公择，官至尚书，他经常跟吕希哲等人说："做人一定要以诚实为先，单就写信和说话而言，没有什么交情不要滥用敬辞，例如心里不崇敬却用'瞻仰'一词，不想念却用'怀渴'一词，这些都是要不得的。要实事求是，尤其要保持内心的诚实。"

《论语》说："其身正，不令而行；其身不正，虽令不从。"由此可见，恪守正道是立身之基。吕本中一生坚持正道，并多次用"守正"之说劝勉弟子。关于守正，吕本中在《童蒙训》上讲了这样一个故事：徐积会见门人，常常在空中写一个"正"字，他对门人说："我在安定先生处求学，得到了一个'正'字，这个字让我终身受用。"

（二）处世：以礼为本，与人方便

东莱吕氏家族是诗书簪缨之家，视听言动，无不尽礼，吕本中在《童蒙训》中也很重视礼的作用。张载，字子厚，理学创始人之一，世称横渠先生。张载在诗中说："若要居仁宅，先须入礼门。"司马光在《横渠哀词》上说："横渠先生劝勉弟子要学问渊博，但是必须以守礼为先。"程颐也说："子厚用礼来教诲弟子，他告诉弟子为人处世最好要有所据守。"这个需要据守的就是"礼"。

吕本中出自宰相之家，待人彬彬有礼也是吕氏家规。但是，吕本中认为，在当时的世家大族中，最能讲究礼仪的还是晁氏家族。《童蒙训》上说："晁氏因以道申戒子弟，皆有法度。群居相处，呼外姓尊长，必曰某姓第几叔若兄；诸姑尊姑之夫，必曰某姓姑夫，某姓尊姑夫，未尝敢呼字也；其言父党交游，必曰某姓几丈，亦未尝敢呼字也。"在当时的故家旧族中，没有一个家族能像晁氏家族这样。崇礼之家能够受到世人的尊重，这就是礼仪的力量。

除了崇尚礼仪，吕本中还强调将心比心、与人方便。吕本中的祖父吕希哲在为人处世方面是一个讲究长久之计和方便之道的人。例如，有一个中风之人，口不能言，手不能书，然而侍奉者却在问病人想要做什么，病人不能开口说话，只能徒增痛苦。所以，吕希哲常教人每事做一个牌子，比如饮食、衣裳、寒热之类，以及平时要吃的药物，平时常做的事情，都可以分别做牌子。病人拿着牌子与人交流，则可以减少一大半的痛苦。吕希哲为人处世经常替别人着想，吕本中跟随祖父吕希哲多年，对祖父的为人处世方式非常熟悉，所以把这个故事写在了《童蒙训》当中。

（三）治学：笃信好学，尊崇儒学

《童蒙训》是记录先哲修身的著作，而修身与治学是密不可分的。东莱吕氏是文化世家，吕本中是紫微案主，他对治学的推崇是毋庸置疑的，《童蒙训》中保留了很多学者治学的案例。杨国宝，字应之，行十七，吕公著的外甥，吕希哲的表弟。杨国宝一生笃信好学，至死不变，吕希哲曾经说过："杨十七学士喜欢善言善行，他每听到或看到一句善言，一定要把它记下来。"有一次，吕希哲在墙壁上写了一句话："惟天子为能备物，惟圣人为能备德。"杨国宝看到了，就马上把这句话记录下来。对于杨国宝的好学，吕希哲还为他写了一首诗，其中两句是“独抱遗经唐处士，差强人意汉将军。”唐代韩愈曾经作诗《寄卢仝》，诗中说：“《春秋》三传束高阁，独抱遗经究终始。”吕诗中的“唐处士”指的是卢仝，这里借指杨国宝像卢仝一样，把《春秋》三传束之高阁，而对《春秋》本经进行了细致入微的研究。吕诗中的“汉将军”指的是东汉开国名将吴汉，吴汉性格要强，即使战争形势不利，他也能意气如常，重整军马。刘秀知道后对大家说：“吴公颇能振奋人的意志，他的战斗力能抵得上一国军队。”吕希哲用吴汉的事例意在说明杨国宝好学精神的影响力。

对于治学，吕本中主张要有好学精神。除此之外，吕本中还特别关注读什么书以及怎么读书。关于读什么书，吕本中在《童蒙训》的开篇第一则就说明了这个问题，这与《论语》开篇第一则讲“学而时习之，不亦乐乎”是一个道理。《童蒙训》开篇说：

> 学问当以《孝经》《论语》《中庸》《大学》《孟子》为本，熟味详究，然后通求之《诗》《书》《易》《春秋》，必有得也。既自做得主张，则诸子百家长处皆为吾用矣。

吕本中是一位“不私一说”的学者，但是他的“不私一说”是有根基的，那就是儒学。孔子是儒家学派的创立者，他整理和编纂了《诗》《书》《礼》《易》《乐》《春秋》，即为“六经”。秦朝焚书坑儒，《乐》失传，其他五种经典并称“五经”。东汉时，《论语》《孝经》提升到“经”的地位。唐朝时，韩愈、李翱为了维护道统学说提升了《大学》《中庸》《孟子》的地位。宋朝以来，二程对《大学》和《中庸》

百般推崇，吕本中作为程颐的再传弟子，自然也认识到这两本书的重要性。吕本中主张，研究儒学又分为两个阶段，先读《孝经》《论语》《中庸》《大学》《孟子》，再读《诗》《书》《易》《春秋》，前者是后者的阶梯，后者是前者的升华，熟读精思，必有收获。同时，吕本中还主张，研究儒学是兼收诸子百家之长的前提，学习了儒学思想，内心自然有主张，以后在吸收其他各派思想时就有评判标准了。关于这一点，吕本中在《童蒙训》中记录了李潜的一段名言。李潜，字君行，是吕好问、吕切问兄弟的老师。李潜说："学者应该把儒家的经书、《论语》、《孟子》当作秤，用它们称量其他学说，重量相等的就是正统的学术，重量不等的就是不正统的学术。"其实，吕本中的"不私一说"就是以此为标准的。

二、官箴传世

东莱吕氏家族是官宦世家，从吕蒙正到吕好问，相继从政七朝，其中出了三位宰相，一位枢密使，数位尚书、侍郎，其他官员更是不计其数。吕本中作为宰执之后，不仅官至中书舍人，更是将东莱吕氏家族和其他仕宦之家的为官理政经验收集在一起，编为一卷，是为《官箴》。

其实，《官箴》原本是《童蒙训》中的一卷。《童蒙训》作为东莱吕氏家训，经吕大器传给长子吕祖谦。吕祖谦，字伯恭，世称吕太史，师承于吕本中的弟子林之奇、汪应辰，是东莱吕氏家学的集大成者。吕祖谦对伯祖吕本中极为敬佩，细心研究了伯祖留给东莱吕氏家族的最好礼物——《童蒙训》。吕祖谦去世后，吕祖谦之弟吕祖俭编就了哥哥的遗稿《东莱吕太史文集》十五卷，后来吕祖俭之子吕乔年又编成了《别集》十六卷、《外集》五卷、《附录》三卷和《附录拾遗》一卷，这就是《东莱先生集》四十卷。特别需要说明的是，《别集》收录了家范、尺牍和读书杂记三类，家范包括宗法、婚礼、葬仪、祭礼、官箴六卷。其中，官箴又包括《官箴》二十六则、《荥阳公家塾广记》三则、《舍人官箴》二十四则、《择善》四十七则。

戴衍，吕祖谦的门人，初字景杜，乾道五年（1169）吕祖谦为其改字在伯。戴衍初仕为官时，向先生吕祖谦请教为官之道。吕祖谦为了劝勉弟

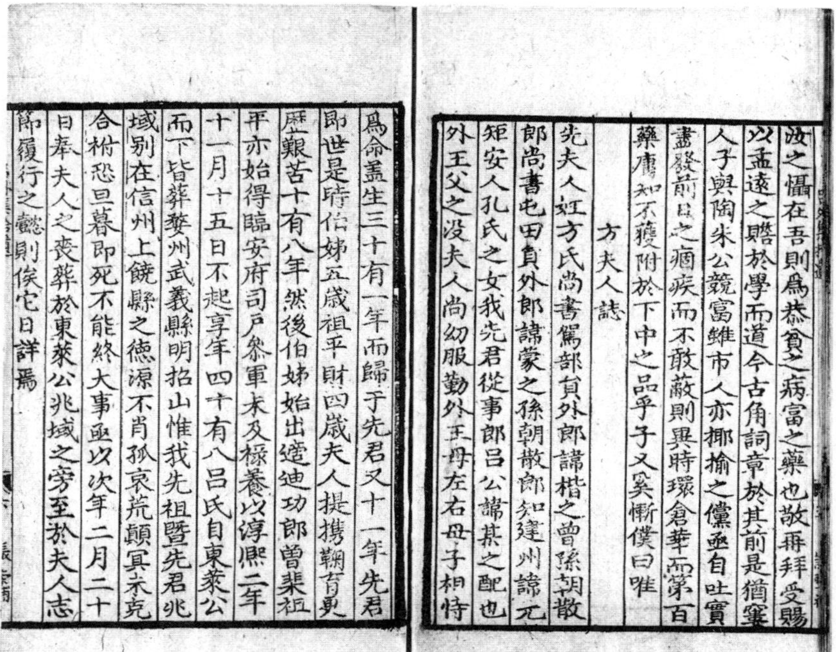

汝之福在吾則為恭貧之病富之藥也敢再拜受賜
以孟遠之贈於學而道今古角詞章於其前是猶窶
人子與陶朱公競富雖市人亦揶揄之儻亟自吐實
盡發前日之痼疾而不敢蔽則異時環倉華而策百
藥庸知不獲附於下中之品乎子又奚慚僕曰唯

方夫人誌

先夫人姓方氏尚書駕部員外郎諱楷之曾孫朝散
郎尚書屯田員外郎諱蒙之孫朝散郎知建州諱元
矩安人孔氏之女我先君從事郎呂公諱某之配也
外王父之没夫人尚幼服勤外王母左右母子相恃
為命蓋生三十有一年而歸于先君又十一年先君
即世是時伯姊五歲祖平財四歲夫人提携鞠育更
歷艱苦十有八年然後伯姊始出適迪功郎曾渠祖
平亦始得臨安府司戶參軍未及祿養以淳熙二年
十一月十五日不起享年四十有八呂氏自東萊公
而下皆葬婺州武義縣明招山惟我先祖暨先君兆
域別在信州上饒縣之德源不肖孤哀荒顛冥未克
合祔恐旦暮即死不能終大事亟以次年二月二十
日奉夫人之喪葬於東萊公兆域之旁至於夫人志
節履行之懿則俟它日詳焉

《东莱吕太史文集·第五卷·方夫人志》书影

子，专门写了《官箴》二十六则。此《官箴》是吕祖谦的新作，告诫弟子不要请托求权，而要做一个不贪婪、有气节的好官。写完这二十六则，吕祖谦自认为还没有把为官之道讲清楚，于是又节选了高祖吕希哲的《荥阳公家塾广记》三则、伯祖吕本中的《舍人官箴》二十四则、自己旧编的《择善》四十七则附在《官箴》二十六则之后。值得注意的是，《舍人官箴》二十四则节选自原本《童蒙训》。在原本《童蒙训》中，有一卷是专门讲究为官之道的语录，共计三十三则。吕祖谦为了劝勉戴衍，从这三十三则语录中节选了二十四则，抄送给戴衍。为了与自己的二十六则《官箴》相区别，吕祖谦将选自伯祖吕本中的官箴命名为《舍人官箴》。

自从《舍人官箴》二十四则问世以后，吕本中的《官箴》三十三则逐渐脱离了《童蒙训》，成为流传于世的单行本。宝庆三年（1227），南宋官员陈昉刊印了吕本中的《官箴》，他在跋中说：

> 昉颛蒙之资，早膺吏事，尘嚣驰骛，无所津梁，既得此书，稍知自勉，敬锓于梓，与有志者同之。宝庆丁亥三月既望永嘉陈昉谨书。

陈昉之后，吕本中的《官箴》影响越来越大，元代张养浩的《三事忠告》、明末清初王永吉的《人臣儆心录》都借鉴了《官箴》的思想。清代王士祯在《古夫于亭杂录》中说：“上尝御书‘清、慎、勤’三大字刻石，赐内外诸臣，士祯二十年前亦蒙赐。按：此三字本吕本中居仁《官箴》中语也。”王士祯在康熙年间为官，由此可见康熙皇帝也利用《官箴》来训示百官。乾隆时，《官箴》被纳入《四库全书》，《四库全书提要》说：“（《官箴》）书首即揭‘清、慎、勤’三字，以为当官之法，其言千古不可易。……虽篇帙无多，而词简义精，固有官者之龟鉴也。”由此可见，

《四库全书》给了《官箴》相当高的评价。

吕本中的《官箴》开宗明义说："当官之法唯有三事：曰清、曰慎、曰勤。知此三者，可以保禄位，可以远耻辱，可以得上之知，可以得下之援。"所以，接下来我们从"清、慎、勤"三事着手，看一看吕本中在这三事上是如何劝勉吕氏家族里的当官者和其他诸位官员的：

河南叶县县衙"清慎勤"匾额

（一）当官第一事："清"

所谓"清"，就是清廉。"清"要求官员秉公守法、不营私利，可是刚刚做官的后生往往容易受到利益的诱惑，以致越陷越深。所以，吕本中在《官箴》中专门提醒初仕者要清廉自守。吕本中说："后生少年，初到官府为官，往往会受到狡猾属吏的引诱。此时，这个后生如果定力不够，贪图了属吏的蝇头小利，那么他在这个任期内就要受制于人，对于属吏的不端行为也就无可奈何了。可是，一旦属吏的行为东窗事发，受到惩罚的不仅是属吏，这个后生也要面临巨大惩罚。该后生的前途从此终止，实在是可惜啊！"所以，要清正廉洁，首先要摒除贪念。贪念一开，后患无穷。

吕本中是官宦之后，他听到和见过很多为官清正的案例。吕本中把这些案例写到了《官箴》里，以期达到“多识前言往行，以畜其德”的目的。我们不妨举两个案例。第一则案例是范育的故事。范育，字巽之，官至户部侍郎，世称范侍郎。范育是横渠先生张载的弟子，而吕希哲曾经与张载是学侣，所以和范育也有交集。范育在年轻时担任过库务官，主管仓库的储藏工作。他每次在进入仓库以前，先把随从和箱笼安置在厅堂上。这样做有两个目的：第一，光明磊落，不贪图仓库的财务；第二，保护自己，防范小人诽谤。一举两得，值得官员们效仿。

第二则案例是吕本中叔曾祖吕公孺和祖父吕希哲的故事。吕公孺，字稚卿，官至户部尚书，世称吕尚书。吕公孺非常廉洁，不贪图官府一分一毫。有一次，官府要为吕公孺做官服，做官服需要买绢帛、量尺寸，吕公孺让当差的工匠取来绢帛，并让裁缝当场剪裁。剪裁完毕后，吕公孺给付该付的钱，并把多余的绢帛还回去。这件事情都是在公堂上完成的，吕公孺没有捞取任何好处，与当时的官风迥然不同，一直为世人传颂。吕本中的祖父吕希哲在单州做知州的时候，吕本中随侍。吕本中发现凡是每月所用的杂物，祖父都要求写在仓库的门上，从民间采购的东西也从来不超过这个数目，单州百姓对此心悦诚服。吕氏家族的清廉就是这样，给吕氏后人树立了榜样，吕本中期望这样的优良家风继续传承下去。

（二）当官第二事：“慎”

所谓“慎”，就是谨慎。孙思邈曾经说过：“对自身忧患的人，不会被别人拘束；对自己敬畏的人，就不会被别人牵制；对小事谨慎的人，就不会对大事感到恐惧；对眼前的事敬畏的人，就不会被长远的事吓倒。”如果能小心谨慎，那么什么事情都能搞定，这就是当官的要诀。所以说，当官不仅要清正廉洁，而且要谨慎冷静。那么，如何才能做到谨慎冷静呢？

第一，慎作假。吕本中说："当官做事，一定要实在。不能暗地里涂改文书、修改日期、变更签名，因为这些事一旦败露，罪行反而加重，而且欺上瞒下也不是真正的为官之道。百般奸诈虚伪，不如一个'实'字；反复变化，诡诈多端，不如从一开始就小心谨慎；防范怀疑别人，不如自己谨慎；智谋周密，不如化繁为简。这些都是永远不变的真理。"所以，谨慎从破除虚假、真诚实在开始。

第二，慎暴怒。吕本中说："当官者，一定要先戒除暴怒。如果遇到棘手事情，不能立即决断，那么就要审慎处理，最后这个事情一定能处理好。如果遇到紧急事情就暴跳如雷，那么最终只能伤害自己，岂会害到别人？前辈曾经说过：'凡事就怕等待。'所谓'等待'就是审慎处理。如果我们能审慎处理它，那么解决方法就会想出来，别人也不能中伤我们。"所以，当官者遇到紧急事情，一定要以谨慎平和的态度对待它，而不是暴怒。

第三，慎交游。一方面，官员拥有一些权力，有些人总想巴结他，所以官员一定要谨慎交结。另一方面，官员要处理很多事情，时间有限，和人交游会分心，所以要慎交游。吕本中说："当官的人，不要和怪异之人交结，巫婆、尼姑等人尤其要疏远。当官者要以清心少事为本分。"谨慎自然心静，心静处理事情就顺畅。

（三）当官第三事："勤"

所谓"勤"，就是勤勉。俗话说："为官一任，造福一方。"但是，如果在官位上不能勤政爱民，那怎么可能造福一方呢？所以，勤政爱民是必不可少的。在东莱吕氏家族的官员中，以“勤”著称的人不少。例如，吕本中的叔叔吕切问在会稽为官，有人讥笑他默默无闻，不求出名，他说：“我每天勤于工作，其他事情也不敢不谨慎，这正是在求名啊！”吕切问的回答非常好，他的勤勉影响着吕氏后人。那么，当官如何才能做到“勤”呢？

第一，亲力亲为。作为官员，一定要亲临现场，只有这样才能找到问题的症结，把事情及时高效地处理好。如果一味地贪图享受，不亲自检视，甚至有可能会造成巨大的工作失误。黄兑，字刚中，吕本中的好友。有一天，黄兑跟吕本中说：“近来我担任县尉一职，每次遇到验尸，即使是盛夏时节，我也要提前喝上两口酒，捏着鼻子亲自检视。人命关天，一点也不能回避污秽，否则横死之人的亲属就没有地方申诉了。”对于验尸这种专业工作，不亲力亲为是不可能查出死者的死因的，而在盛夏时节捏着鼻子验尸的行为是一种敬业行为，也是一种勤勉行为。

第二，不能慵懒。亲力亲为是必须的，但还是远远不够的。有的官员虽然亲力亲为了，但是自由散漫，得过且过，办事效率不高，所以不能慵懒也是“勤”的要求之一。范纯仁，字尧夫，谥忠宣，范仲淹之子。范纯仁曾做过元祐宰相，与吕本中的曾祖父吕公著同为元祐党人，吕本中在《官箴》中记载了范纯仁的语录。范纯仁镇守西京洛阳，有一天他告诫属官说：“收税的时候不要‘两头探’。”属官问：“什么叫‘两头探’啊？”范纯仁说：“纳税人探着头等待收税官，收税官探着头等待纳税人，这就叫作‘两头探’。作为收税官，要早早地来到收税地点等待纳税人，而不是相反。”所以，用勤勉之风改掉慵懒之风，这样工作就容易开展了。

第四章

居家之政，后世可法

吕本中是东莱吕氏始祖吕梦奇的八世孙，他对东莱吕氏家族具有承上启下的作用。在吕本中之后，他的三位族孙又为东莱吕氏续写了家族传奇，他们三位分别是吕祖谦、吕祖俭、吕祖泰。吕祖谦是吕本中的侄孙，吕本中被后世称为“东莱先生”，吕祖谦则为“小东莱先生”，他们两位在亲情和学术等方面都有着千丝万缕的关系。吕祖俭和吕祖泰素以“忠义”著称，他们两位都被列入《宋史 · 忠义传》。由此可见，吕好问、吕本中对两宋的忠义被吕祖俭、吕祖泰延续下来。东莱吕氏在“祖”字辈之后是“年”字辈，其中吕乔年（1176—1223）、吕延年（1179—1236）、吕康年（1182—1223）继承了吕祖俭的家学。“年”字辈之后，随着蒙古铁骑的南下，东莱吕氏湮没于世。

第一节　婺学之宗：十世吕祖谦

吕祖谦

吕祖谦（1137—1181），字伯恭，谥成公，吕本中弟弸中之孙，吕大器之子。宋孝宗隆兴元年（1163），吕祖谦进士及第，不久又考中博学鸿词科。乾道五年（1169），吕祖谦被任命为太学博士，此后历任国史院编修官、实录院检讨官等职。因为长期在国史院、实录院担任史官，所以他被人尊称为“吕太史”。此外，吕祖谦继承了吕本中的家学，创立了“婺学”，他被列入《宋史·儒林传》，《宋元学案》也专门为他开辟了“东莱学案”，弟弟吕祖俭、从弟吕祖泰都出自他的门下。

一、转益多师

吕祖谦是东莱吕氏家学的集大成者，他的成才离不开贤父兄和严师友的交互影响。在东莱吕氏家族中，伯祖吕本中对吕祖谦的影响最深。首先，吕本中和吕祖谦的祖父吕弸中是亲兄弟，吕本中、吕弸中兄弟同时受业于和靖先生尹焞，他们的关系非常密切。其次，吕本中和吕祖谦的外祖父曾几是挚友，曾几对吕本中的学问非常推崇。乾道二年（1166），在吕本中去世二十一年以后，曾几以八十三岁高龄离开人世，此时吕祖谦三十岁，早已经考中进士了。可以推断，吕祖谦在外祖父的指导下学习了伯祖吕本中的学说。再次，吕本中和吕祖谦的父亲吕大器不仅是伯侄，而且还是师生，吕大器得吕本中之亲传。最后，吕本中和吕祖谦的叔父吕大伦（1115—1168）也是师生。吕弸中晚年在福建、两浙一带为官，最终定居婺州。由此，吕弸中的后人成为婺州人。吕大伦，字时叙，是吕弸中的次子。绍兴十五年（1145），吕大伦在婺州武义县担任县丞，后来他在县衙之西建了一处“豹隐堂”，和兄弟吕大器、吕大猷、吕大同聚居讲学。这一年，吕祖谦九岁，也跟随父辈一起学习。

由此可见，吕祖谦的祖父、外祖父、父亲、叔父都受到吕本中的影响，而吕祖谦又通过这些亲属了解了伯祖吕本中的学说。淳熙二年（1175），吕祖谦写了一首诗来表达对伯祖的崇敬之情，这首诗即为《酬上饶徐季益学正》：

吾家紫微翁，独守固穷节。金銮罢直归，朝饭尚薇蕨。

峨峨李杜坛，总角便高蹑。暮年自誓斋，铭几深刻责。

名章与俊语，扫去秋一叶。冷淡静工夫，槁乾迂事业。

有来媚学子，随叩无不竭。辞受去就间，告戒意尤切。

典刑自耆老，护持何敢阙。嗟予生苦晚，名在诸孙列。

拊头虽逮事，提耳未亲接。……

吕祖谦出生时，吕本中还在世，但是他当时正在遭受奸臣秦桧的排挤。后来，吕本中以贫病之躯寄居在信州，这时吕祖谦没有机会当面接受伯祖的恳切教导。吕祖谦九岁时，吕本中去世了。长大后，吕祖谦为没有亲身接受伯祖的教诲而感到遗憾。

其实，吕祖谦没有必要遗憾，因为他不仅通过亲属了解了伯祖的学说，而且还师从吕本中的弟子林之奇、汪应辰，此外吕本中所欣赏的胡宪、刘勉之也是吕祖谦的老师。林之奇，福州侯官人，是吕本中的得意弟子。绍兴二十五年（1155），吕大器担任福建提举司干官，吕祖谦随行。当年，吕大器和林之奇同时受业于吕本中，他们已经结下了深厚的友谊。如今，吕大器邀请林之奇担任自己儿子的老师，林之奇欣然应允。拜师以后，吕祖谦跟随林之奇学习了张载、二程等诸儒的学说，了解了范仲淹、欧阳修、司马光等先贤的言行。此外，吕祖谦还跟随林之奇学习了文章的写作，吕祖谦写的文章既有古人的风范又富有文采，林之奇每每读之都击节称叹，他知道这个年轻人将来必成大器。

离开林之奇后，吕祖谦又拜汪应辰为师。汪应辰，信州玉山人，十八岁考中状元，是中国科举史上最年轻的状元，也是吕本中的一位得意门生。汪应辰一生严于律己、清正廉洁，官至端明殿学士。晚年，汪应辰在玉山建立了端明书院，并开创了“玉山学派”，其中吕祖谦是汪应辰的高足。淳熙三年（1176），汪应辰去世，吕祖谦痛悼老师，并写下了《祭汪端明文》。在该文中，吕祖谦评价汪老师“学则正统，文则正宗”。以这样的人为老师，这是吕祖谦的荣幸。

在师从林、汪两位先生的同时，吕祖谦还得到了胡宪、刘勉之的教诲。胡宪（1086—1162），字原仲，号籍溪先生，是湖湘学派创始人胡安国的从子。绍兴年间，胡宪以乡贡入太学读书。后来，为了奉养双亲，他回到山林，以耕田卖药为生，从父胡安国说他有“隐君子”的德行。听到他的事迹后，吕本中、折彦质、范冲、朱震、刘子羽、吕祉共同推荐他入朝。后来，胡宪被赐进士出身，担任建州教授。胡宪主张学习以提高自己的修养为目标，他不仅是这样说的，也是这样做的，包括吕祖谦在内的弟子对他的言行无不心悦诚服。

刘勉之（1091—1149），字致中，世称白水先生。早年，他和胡宪、刘子翚（huī）往来密切，每天以讲论切磋为事，后来成长为一代大儒。绍兴年间，吕本中向朝廷推荐了刘勉之，但因为秦桧的阻挠，刘勉之还是遭到了黜落。此后，刘勉之一直生活在家乡，每天向他求学的人络绎不绝。刘勉之是一位教育家，他懂得根据弟子的材质实施教学，吕祖谦等弟子通过刘勉之先生了解了先圣先贤的学问和言行。

二、编修文史

吕祖谦是一位南宋大儒，他的文史成就是有目共睹的。隆兴元年，吕祖谦进士及第，不久又考中了博学鸿词科。所谓博学鸿词科，是朝廷在科举考试之外设置的制科，其目的在于选拔能够写制诰（指皇帝的诏令）

的人才。北宋末年，国家专以经义取士，士人不再研习诗赋，结果导致能够写制诰的士人减少。为了选拔文学之士，朝廷专门设置了“博学鸿词科”。吕祖谦考中该科，由此可见他的文学功底。

乾道五年六月，吕祖谦担任太学博士一职，第二年他又兼任国史院编修官、实录院检讨官。乾道七年（1171），吕祖谦参加了馆职考试。馆职考试也是朝廷选拔制诰人才的途径之一，不过这种考试有一定的资格限制。按照规定，经由大臣推荐或献文自荐，进士高第或制科及第的士人才有资格参加馆职考试。馆职考试的内容以诗赋为主，考试合格后将被授予馆阁之职。在参加馆职考试之前，有很多人到学士院打听考试题目，唯独吕祖谦没有这样做。但是，考试结果出来了，吕祖谦的文章因典雅优美被评为优等。

乾道八年（1172）春，吕大器去世，吕祖谦回家为父亲丁忧。丁忧期满，吕祖谦被任命为秘书郎，同时兼任国史院、实录院的史官之职。因为大史官、《续资治通鉴长编》作者李焘的推荐，吕祖谦参与了《徽宗皇帝实录》的重修工作。因为有功，吕祖谦被提拔为承议郎。

淳熙四年（1177），宋孝宗收到了进士江钿编纂、临安书坊刻印的北宋诗文集《圣宋文海》，共计120卷。孝宗认为这部书很有价值，于是打算让临安府校正之后出版。但是，学士周必大说：“这部书取舍不当，错误很多，恐怕难以传世。为什么陛下不委任馆职重新铨择，以成一代之书呢？”孝宗觉得周必大说得很有道理，于是就任命吕祖谦负责这项工作。一年多的时间里，吕祖谦按照“崇雅黜浮”的原则对这部书进行了重新整理，他把这部书断在建炎元年（1127）以前，经过重新筛选和分类，最终撰成了新的诗文集。新书分为61类文体，共收录北宋314人的2547篇诗文，共计150卷，比《圣宋文海》还多出了30卷。

书成以后，吕祖谦将其上呈孝宗，孝宗对这部新书非常满意，他认为该书不仅有益于国家治理，而且还有助于教化天下，因此将新书赐名为《皇朝文鉴》。鉴于吕祖谦对该书的精心编选，孝宗决定提拔他为直秘阁。但是朝廷很重职名，不是有功之臣不能升任。中书舍人陈骙心想："吕祖谦只是一个图书编辑者，怎么能和真正的功臣相提并论呢？"所以他不同意起草诏书。这时，孝宗皇帝批旨说："馆阁之职，文史为先。祖谦所进，采取精详，有益治道，故以宠之，可即命词。"见到皇帝的圣旨后，陈骙只能照办。吕祖谦因编修文史获得如此高的荣誉，这与他的家学和文采有着莫大的关系。

三、创立婺学

作为一代儒学大家，小东莱先生吕祖谦创立了"婺学"（又称"吕学"），他的好友紫阳先生朱熹创立了"闽学"（又称"朱学"），南轩先生张栻发展了"湖湘学"，吕、朱、张三人并称为"东南三贤"。与此同时，象山先生陆九渊创立了"心学"（又称"陆学"）。后来，《宋元学案》说："宋乾、淳以后，学派分而为三：朱学也，吕学也，陆学也。"

与朱熹的"格物致知"、陆九渊的"心即理"不同，吕祖谦的学说具有以儒为本、博采众长、文史并重、传承文献、明理躬行的特点。自吕公著以来，东莱吕氏早已形成了"不名一师、不主一门"的家风。靖康之变以后，吕好问、吕本中父子将中原文献传播到南方，吕祖谦集东莱吕氏家学之大成，由此形成了以上的学说特点。

乾道三年（1167），吕祖谦已经考中进士四年了。这一年，吕祖谦的母亲曾氏去世，他将母亲葬在明招山（位于今浙江金华武义），并为母亲守丧二十五个月。在明招山的这段日子里，四面八方的好学之士纷纷来到这里向吕祖谦拜师，这是吕祖谦聚徒讲学的开始。乾道四年（1168），为了教育和管理弟子，吕祖谦制定了《乾道四年九月规约》，规约说："凡预此集者，以孝弟忠信为本。""凡预此集者，闻善相告，闻过相警，患难相恤。"乾道五年（1169），吕祖谦又制定了《乾道五年规约》，该规约说："凡与此学者，以讲求经旨、明理躬行为本。"所谓"明理"就是要懂得为人处世的道理，所谓"躬行"就是将这些道理践行出来。由此可见，吕祖谦既注重理论，又注重实践。晚年，吕祖谦在婺州金华建立了丽泽书院，向吕祖谦求学的士子络绎不绝。据吕祖谦的门人陈良祐说，吕祖谦一生收徒数百人。其中，有名可考的嫡传弟子有89人。

吕祖谦是一位在理学、史学和文学三方面都有建树的儒学家，他的"婺学"教育实践就是围绕着这三方面展开的。在理学方面，吕祖谦撰有《易说》《少仪外传》《吕氏家塾读诗记》等教材。其中，《少仪外传》的影响最广。《四库全书简明总目》对《少仪外传》介绍说："其书为课幼而设，故取《礼记·少仪》为名。中间杂引嘉言懿行，兼及立身行己、应世居官之道，不与《礼记》经义相比附，故名曰《外传》。"

在史学方面，吕祖谦撰文告诉学生："读史先从《尚书》开始，然后再读《左传》和《资治通鉴》，这样就能了解中国历史的体统和源流。"他还说："学者读史各有详略，对于《左传》《史记》和《汉书》，一定要精熟细看、反复考究，对于每个字都不能草草放过。”为了让弟子进一步学习历史，吕祖谦撰有《书说》《东莱左氏博议》和《十七史详节》。其中，《东莱左氏博议》简称《东莱博议》或《左氏博议》，该书成书于乾道四年，共有168篇，每篇都是根据《左传》的事实发表议论，可以看作科举的策问范文，因此在宋、元、明、清流传很广。

在文学方面，吕祖谦为弟子编写了《古文关键》一书。该书辑录了韩愈、柳宗元、欧阳修、曾巩、苏洵、苏轼、苏辙、张耒等人的60多篇文章，为弟子的文章写作指明了路径。后来，该书也成了士子科考的必备书。而且，该书辑录的文章作者与后世流传的“唐宋八大家”极为相似，这也足以说明吕祖谦在文章采择上具有一双慧眼。

第二节 大愚先生：十世吕祖俭

吕祖俭（1141—1198），字子约，吕大器之子，吕祖谦之弟。孝宗和光宗在位期间，吕祖俭历任衢州法曹、籍田令、司农簿、台州通判。宁宗庆元元年（1195），吕祖俭被任命为太府寺丞，因此后人称吕祖俭为“吕寺丞”。同年，权臣韩侂胄（tuō zhòu）罢黜忠良老臣赵汝愚，吕祖俭因上书反对韩侂胄被发配到岭南。行至中途，吕祖俭得到赦免，被改为到筠州高安（今属江西宜春）安置。抵达高安后，吕祖俭居住在这里的大愚寺，因此以“大愚”为号，并著有《大愚集》。庆元四年（1198），吕祖俭病逝于大愚寺。开禧三年（1207），宁宗为吕祖俭平反。理宗嘉熙二年（1238），朝廷追赠吕祖俭为朝奉郎、直秘阁，赐谥“忠”，后人尊称他为“吕忠公”。

一、心存孝义

吕祖俭是吕祖谦的弟弟，他虽然只比哥哥小四岁，但却像弟子一样从学于哥哥，因此《宋元学案》将他列在吕祖谦的门下。四十一岁时，吕祖俭被任命为明州仓监，即将上任，这时他的哥哥吕祖谦去世了。按照吏部的规定，被差遣的官员如果在半年以内不能上任将被视为“逾限”，但是吕祖俭决心为哥哥服满一年的丧期再去上任，朝廷表示同意。正因为这件事，朝廷还将“逾限”的时间由半年改为一年。服丧期间，丽泽书院的一切事务都交由吕祖俭打理，他继续将婺学传承下去。此外，吕祖俭也开始为哥哥吕祖谦整理遗稿，后来吕祖谦遗稿的整理工作还延续到吕祖俭的儿子吕乔年身上。

服丧期满后，吕祖俭到明州担任仓监。任职期满后，吕祖俭到吏部听候新一轮铨选，丞相周必大想让尚书尤袤诏用他，但此时吕祖俭已经被调往衢州担任法曹了。潘时经略广东，知道吕祖俭是大儒吕祖谦的弟弟，于是想要征召他担任属官，但是被吕祖俭拒绝了。不久，因为侍从郑侨等人的推荐，吕祖俭被任命为籍田令。

就在吕祖俭担任籍田令期间，朝廷发生了一次礼仪之争。原来，御史中丞何澹亲生父亲的继室周氏去世了，何澹打算穿哀悼伯母的丧服，紧接着这事传到太常礼院，让百官讨论。吕祖俭写信给宰相说：“《礼记·檀弓上》说：‘为伋也妻者，是为白也母。’孔伋，字子思，是孔子的孙子。孔白，字子上，是孔伋的庶子。但只要是孔伋的正妻，就是孔白的嫡母，孔白要以嫡母之礼为孔伋正妻服丧。同理，周氏虽然是何中丞的继母，但周氏也是何中丞生父的继室，继室难道不是正妻吗？何中丞不称周氏母亲称她什么呢？中丞作为主掌讽谏的御史台长官，却有不孝行为，这让百官怎么看待这件事呢？”事后，何澹以母亲之礼为周氏服丧。不久，吕祖俭被任命为司农簿，后来又补任外官，通判台州。

二、遭遇党禁

庆元元年，刚刚即位的宁宗任命吕祖俭为太府寺丞。同样在这一年，权臣韩侂胄开始在朝中担任要职，他指使李沐等人来弹劾宰相赵汝愚，称赵汝愚是赵氏宗亲而且犯了很多过错，官居相位必然不利于社稷。宁宗采纳了李沐等人的意见，并将赵汝愚流放到永州。吕祖俭是一位直言敢谏之士，他上奏说：“赵汝愚也不能说没有过错，但是他的过错并没有像正言李沐说的那样严重。”看到吕祖俭的奏章后，韩侂胄愤怒地说：“吕寺丞这是要干预我的事情吗？”

与此同时，祭酒李祥、博士杨简等人都上书为赵汝愚辩冤，而李沐一一对他们弹劾，最终朝廷也罢免了他们。这时，吕祖俭向宁宗上了一道密折，他在密折中说：“陛下刚刚即位时，选拔重用的都是忠良之士。然而执政没多久，陛下的用人标准发生了重大变化。朱熹是耆宿老儒，因为有所议论，就很快被赶出朝廷；彭龟年笃守旧学，有所议论，也被赶出朝廷；至于李祥，他老成笃实、没有偏颇，这是众人都很信服的一个人，但是如今他也被放逐了。我恐怕从今以后天下即使有了该说的事情，士人们也会默默相视、闭口不谈了。这种风气一旦形成就很难纠正过来，这难道对国家有利吗？”

密折上奏以后，吕祖俭在家等待获罪。果不其然，几天以后，圣旨下发：“吕祖俭与人勾结，欺君罔上，被贬到韶州（今广东韶关）居住。”中书舍人邓阳封还了圣旨，认为吕祖俭的罪过并不重，没有必要贬到岭南。皇帝御笔批示说：“吕祖俭心中无君，罪不容诛，贬到岭南已经是宽宥他了。”恰在这时，楼钥为宁宗进读了吕公著在元祐初年上奏的十件事，他趁机进言说：“吕公著是元祐时期的社稷之臣，他的能力和为人历来为士人所敬仰。对于这样的功臣，朝廷要善待他的家族。前不久，吕公著的裔孙、太府寺丞吕祖俭因为言事获罪，现在被贬谪到岭南去了。万一他死在岭南，朝廷就背负了杀害言官的坏名声，我私下里为陛下感到怜惜啊！”宁宗问：“吕祖俭所犯的是什么事啊？”楼钥大吃一惊：原来吕祖俭的贬谪不是出自宁宗，他的密折根本没有到达皇帝手里，圣旨和御批都是他人伪造的。

没过多久，楼钥与皇帝的对话传到韩侂胄耳朵里，韩侂胄恼羞成怒，他对众人说：“给我传下话去，如果再有人救助吕祖俭，那就是成心跟我作对，我将把吕祖俭安置在更为遥远的新州（今广东云浮新兴）居住。”听到这里，众人不敢再说话。过了一段时间，有人对韩侂胄说：“韩丞相，自从赵汝愚离开朝廷以后，天下已经对您愤恨到极点。如今，吕祖俭又被贬到瘴气之乡，一旦他死在那里，那么天下人的怨恨会更加严重，不如将他稍稍迁往内地。”听到这里，韩侂胄也醒悟了，决定将吕祖俭内迁。

吕祖俭被贬到韶州，而韶州地处瘴气丛生的岭南，吕祖谦的弟子汪大度决定护送他一路南行。汪大度，字时法，号独善，婺州金华人，他和兄弟大章、大亨、大明同时受业于吕祖谦。如今，老师的弟弟遭贬，汪大度决定亲自护送。南行路上，吕祖俭竟然真的遭到官差的凌辱，这时汪大度挺身而出，和官差打作一团。他说，只要能保护吕祖俭，他甘愿和打人的官差一同坐牢。庆元元年夏，吕祖俭一行来到江西境内。为了感谢汪大度的陪伴，吕祖俭写了一组诗送给他，这就是《韶阳之迁道中呈汪时法》三首，其中第二首这样写道：

汪氏诸郎子独贤，相从过岭过韶川。

九龄风味犹存否，莫向南华却问禅。

诗中的“九龄”就是唐代诗人张九龄。张九龄，字子寿，韶州曲江人。他外在儒雅、内蕴刚劲，成为文人士大夫的理想楷模，后来人们将这种风度称为“九龄风度”或“九龄风味”。“九龄风味犹存否”，吕祖俭向往这种风味，但他又不能肯定这种风味在岭南是否还存在，所以他想参参禅，但愿这种风味还存在吧！又过了一段时间，吕祖俭来到了吉州庐陵县。吉州以南是虔州，过了虔州，翻过岭就是岭南。这时，朝廷下旨，让他居住在吉州，不用再往南走了。可以推断，朝廷下旨的时候，正是韩侂胄醒悟的时候。然而，吕祖俭并没有在吉州待多久。庆元二年（1196），因为遇到大赦，吕祖俭被迁往高安居住。来到高安以后，吕祖俭住在这里的大愚寺，因此以“大愚”为号。

庆元三年（1197），韩侂胄继续打击“逆党”，禁止“伪学”，有59人被列入所谓的“庆元伪学逆党籍”。在这份名单中，有宰执4人、待制以上13人、余官31人、武臣3人、士人8人，我们前面提到的赵汝愚、周必大、朱熹、楼钥、李祥、杨简等都名列其中。特别需要说明的是，吕祖俭、吕祖泰兄弟也在这份名单中。

庆元四年，在寓居高安两年以后，吕祖俭病逝于高安大愚寺，享年五十八岁。经过层层汇报，朝廷下诏允许吕祖俭的灵柩归葬婺州故里。汪大章，号约叟，是汪大度的弟弟。在听到吕祖俭病逝的消息时，汪大章正在准备当年的秋试，而且距秋试只有四天的时间了。但是，他放弃了秋试，毅然决然赶往高安，并护送吕祖俭的灵柩回到婺州武义县明招山。为了表达对吕祖俭的怀念，汪大章写了一首长诗，题为《哭大愚吕公》，在诗的最后，汪大章写道：

迁客萧寺独羁寄，未知曷犯苍天意。

嗟哉我公虽下世，万古千秋未尝逝。

诗中的“萧寺”指的是佛寺，特指大愚寺，吕祖俭最后被贬到高安大愚寺居住，但吕祖俭的行为是正义的，为什么这样一个正义之士就遭到贬谪了呢？如今，虽然吕祖俭已经去世了，但是他的精神是永存的，他永远活在人们的心中。

第三节　忠义处士：十世吕祖泰

吕祖泰（1163—1211），字泰然，吕祖俭之从弟。据史料记载，吕祖泰是吕公著弟吕公孺的后代，公孺生希述，希述生端问，端问生求中，求中生大伸，大伸生祖泰。早年，吕祖泰寓居在常州宜兴，曾跟随堂兄吕祖谦学习。庆元六年（1200），在继吕祖俭之后，吕祖泰也因为上书揭露韩侂胄的罪行而遭到贬谪。韩侂胄被诛以后，吕祖泰得以昭雪，但后来不幸得寒疾去世。

一、以言报国

吕祖泰虽然是吕祖俭的从弟，但却比吕祖俭小二十二岁。这是因为吕祖俭是吕夷简之子吕公著的六世孙，而吕祖泰是吕夷简之子吕公孺的六世孙。随着时间的推移，同一家族的辈分即使相同，但出生年代却拉开了。

吕祖泰早年寓居在常州宜兴，后来师从堂兄吕祖谦，成为一个性情通达、崇尚道义、学问广博的人。学成之后，吕祖泰遍游江、淮，结交了很多当世名士，有时吕祖泰会把获得的钱物分给这些名士，毫无吝啬之气。吕祖泰是个率真之人，饮酒到几斗都不会醉，议论世事无所忌讳，听他议论的人有的会捂着耳朵逃开。

庆元二年（1196），吕祖俭因为言事被贬谪到高安，吕祖泰徒步到高安省视，并在大愚寺逗留了一个月。回来以后，吕祖泰对他的朋友王深厚说："自从我的兄长被贬以后，所有的人都闭嘴了。我虽然没有职位，但一定要'以言报国'。不过还要稍稍等待，现在上书会连累我的兄长。"

庆元四年（1198），吕祖俭病逝，吕祖泰赶往明招山为堂兄服丧。服丧期满后，吕祖泰没有了牵挂，他决定找机会"以言报国"了。嘉泰元年（1201），周必大降职为少保并被迫退休，这又是韩侂胄导致的，吕祖泰非常愤恨，于是就到登闻鼓院上书，他的奏书如下：

> 道学，自古所恃以为国也。丞相汝愚，今之有大勋劳者也。立伪学之禁，逐汝愚之党，是将空陛下之国，而陛下不知悟邪？陈自强，侂胄童孺之师，躐致宰辅。陛下旧学之臣，若彭龟年等，今安在邪？苏师旦，平江之吏胥，以潜邸而得节钺；周筠，韩氏之厮役，以皇后亲属得大官。不识陛下在潜邸时果识师旦乎？椒房之亲果有筠乎？凡侂胄之徒，自尊大而卑朝廷，一至于此也！愿亟诛侂胄及师旦、周筠，而罢逐自强之徒。独周必大可用，宜以代之，不然，事将不测。

吕祖泰直言敢谏，奏书一出，朝廷上下大为惊骇。朝廷下旨说："吕祖泰挟私上书，语言狂妄，发配到连州（今属广东清远）拘管。"右谏议大夫程松过去和吕祖泰是好友，他们亲密无间、无话不谈。如今，程松非常恐惧，他自言自语道：“人们都知道我平日里经常和吕祖泰交游，他们岂不是以为我已经提前看过吕祖泰的奏书吗？”程松于是独自上书说：“吕祖泰有当杀之罪，而且他的背后一定有教唆之人。现在即使不杀他，也应该对他施以杖脊黥面之刑，并把他发配到更远的地方。”殿中侍御史陈说也是这样说。朝廷于是对吕祖泰杖脊一百，并把他发配到更远的钦州（今属广西）牢城收管。

二、疾犹思考

被贬钦州的圣旨下发以后，吕祖泰在官差的监押下一路向南。多日以后，他们来到湖南潭州。潭州下辖12个县，吕祖泰的好友钱文子正在潭州醴陵县担任县令。钱文子，字文季，是“永嘉学派”的创立者之一，时称“儒林巨擘”。据史料记载，“永嘉学派”的代表人物叶适也被列入“庆元伪学逆党籍”，因此“永嘉学派”和“婺学”可谓同病相怜。为了表达对吕祖泰的支持和同情，钱文子私下赠给吕祖泰一些路费，这些路费为吕祖泰解了燃眉之急。

又过了两三年，监押吕祖泰的官差和朝廷失去联系，韩侂胄派人四处追寻吕祖泰的踪迹所在。吕祖泰挣脱了官差的监押，躲藏在襄阳和郢州之间。襄阳和郢州位于京西南路，可见这时吕祖泰已经从荆湖南路逃到长江以北。

开禧三年（1207），在宋宁宗的皇后杨氏和宰相史弥远的设计下，权相韩侂胄被暗杀在玉津园，韩侂胄集团倒台。为了端正朝纲，朝廷开展了拨乱反正工作。嘉定元年（1208），朝廷访求到吕祖泰躲藏的地方，诏令洗雪他的冤屈，并把他特补为上州文学，后来又改授迪功郎、监南岳庙。

就在吕祖泰的仕途有起色时，他的母亲不幸去世了。因为贫穷，吕祖泰无钱埋葬母亲，为此他到都城与诸公商量。但更为不幸的是，他在来回的奔波中染上寒疾。吕祖泰浑身无力，他索要纸张，吃力地写道：“我和兄长一起攻击权臣，如今权臣被诛，我死而无憾了。唯独此生我还没有立功报国，又没能埋葬母亲，这是一件令我遗憾的事。”嘉定四年（1211），吕祖泰病卒。生养死葬、慎终追远，这是中华民族传统的孝道，吕祖泰在有生之年不能埋葬亡母，这是他的终生憾事。吕祖泰死后，临安府知府王楠为他准备棺椁归葬武义明招山祖茔。

结　语

孟子曾经说过："君子之泽，五世而斩。"但是，作为政治和文化世家的东莱吕氏家族却打破了这个"规律"。从吕梦奇到吕延年，时间延续了三百多年，东莱吕氏绵延了十一代。在这十一代中，东莱吕氏家族几乎代有闻人，这真是一个伟大奇迹。为什么会有这样的奇迹呢？我想这就是家训、家教、家学和家风的力量了。吕本中是东莱吕氏家族承上启下的人物，他的《童蒙训》和《官箴》是东莱吕氏的家训，传给了一代又一代吕氏后人。东莱吕氏素来注重家教，例如吕蒙正庭下训子，吕公著的夫人严厉教子，吕希哲随时把握机会训育儿孙，他们在代际传承中形成并发展了吕氏家学。

家风是一个家族的独特气质，它同样是在代际传承中形成的。东莱吕氏之所以能够绵延十一代经久不衰，这与它独特的家风是分不开的。那么，东莱吕氏形成了哪些家风呢？让我们通过这部厚重的家族史来总结如下：

第一，重视礼法，主善为师。作为宋代著名的政治世家和文化世家，东莱吕氏家族以良好的礼法修养著称于世，吕希哲的《吕氏杂记》、吕本中的《童蒙训》、吕祖谦的《家范》都有很多关于礼法的记载。例如，吕本中在《童蒙训》中记录了很多他祖父吕希哲的语录，如下这则语录最能体现东莱吕氏对礼法的重视：

> 本中尝问荥阳公曰："兄弟之生相去或数日或月十日，其为尊卑也微矣，而圣人直如是分别长幼，何也？"公曰："不特圣人直重先后之序，如天之四时，分毫顷刻，皆有次序，此是物理自然，不可易也。"

宋代是文化的大发展、大繁荣时期，东莱吕氏世承家学，培养了荥阳先生吕希哲、大东莱先生吕本中、小东莱先生吕祖谦这三位文化宗师。据《宋元学案》记载，"荥阳少年，不名一师。……集益之功，至广且大。""大东莱先生为荥阳冢嫡，其不名一师，亦家风也。""小东莱之学，平心易气，不欲逞口舌以与诸公角，大约在陶铸同类以渐化其偏，宰相量也。"总之，东莱吕氏不主一门，不名一师，德无常师，主善为师。"善"是东莱吕氏从师的标准和学习的内容。吕本中在《童蒙训》中引用徐积的话说："言其所善，行其所善，思其所善，如此而不为君子，未之有也。"

第二，传承文献，修心蓄德。两宋之际，东莱吕氏将中原文献传播到江南，所以"中原文献之传"成为东莱吕氏的重要标志。所谓"中原文献"，指的是中原地区儒学大家以及前代贤臣的思想、学问和主张，这些主张或许是以典籍的形式呈现，或许是通过口耳相传，而东莱吕氏就成了

“中原文献”的有力传播者。东莱吕氏在传播“中原文献”的过程中有一个鲜明的特点，那就是“多识前言往行以畜其德”。他们通过了解先圣先贤的言行来提高自己的道德修养，这本身就有经史并重的意味，所以后来吕祖谦成为一代宗师和史学大家就不足为怪了。

《宋元学案·紫微学案》在评价吕本中时这样说道：“先生之家学，在多识前言往行以畜德，盖自正献以来所传如此。原明再传而为先生，虽历登杨、游、尹之门，而所守者世传也。先生再传而为伯恭，其所守者亦世传也。故中原文献之传独归吕氏，其余大儒弗及也。”从吕公著到吕希哲，从吕本中到吕祖谦，东莱吕氏逐渐构建起自己独特的治学体系，“中原文献”也由此传播到南方，东莱吕氏为中华文化的传承做出了突出贡献。

第三，当官之法，清慎与勤。东莱吕氏家族是宋代著名的政治世家，曾经有过“更执国政，三世四人”“相继执政七朝”这样的辉煌局面。在累朝累代的为官过程中，东莱吕氏形成了自己独特的官风，而这种官风其实就是东莱吕氏家风的外延。因为家风正的家族，其官风也不会差。《论语》有云：“其为人也孝弟，而好犯上者，鲜矣；不好犯上，而好作乱者，未之有也。”说的就是这个道理。

吕本中生活在两宋之际，当时东莱吕氏家族“三世四人”的辉煌局面已经结束，但是做官的人还有很多，吕本中结合家人和自己为官的经历写成了《舍人官箴》一书。《舍人官箴》开篇就说：“当官之法，唯有三事：曰清，曰慎，曰勤。”“清”是清廉自守，“慎”是谨慎仔细，“勤”是勤勤恳恳，清、慎、勤是当官之法，未尝不是东莱吕氏家风的要求，东莱吕氏绵延十余代，我们从中找到了答案。

附录 宋代东莱吕氏家族简谱

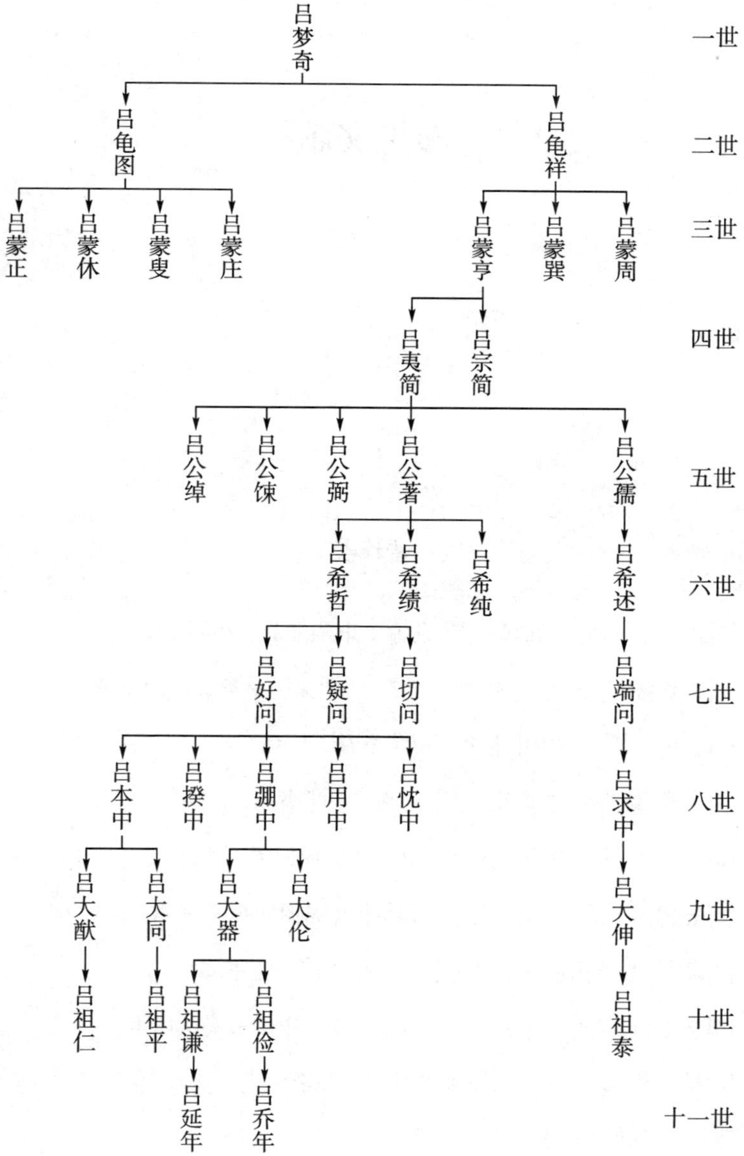

参考文献

著作类

[1]薛居正，等.旧五代史[M].北京：中华书局，2003.

[2]欧阳修.新五代史[M].徐天党，注.北京：中华书局，1974.

[3]脱脱，等.宋史[M].北京：中华书局，1985.

[4]李焘.续资治通鉴长编[M].北京：中华书局，1985.

[5]杜大珪.名臣碑传琬琰之集[M].文渊阁四库全书本.

[6]朱熹，李幼武.宋名臣言行录[M].文渊阁四库全书本.

[7]章定.名贤氏族言行类稿[M].文渊阁四库全书本.

[8]李心传.建炎以来系年要录[M].北京：中华书局，1956.

[9]杨仲良.皇宋通鉴长编纪事本末[M].李之亮，校点.哈尔滨：黑龙江人民出版社，2006.

[10]陈邦瞻.宋史纪事本末[M].北京：中华书局，2015.

[11]黄宗羲.宋元学案[M].全祖望，补修.北京：中华书局，1986.

[12]吕本中.童蒙诗训[M].郭绍虞.宋诗话辑佚.北京：中华书局，1980.

[13]吕本中.紫微诗话[M].何文焕.历代诗话.北京：中华书局，1981.

[14]吕本中.东莱吕紫微师友杂志[M].王云五.丛书集成初编.北京：中华书局，1986.

[15]吕本中.东莱诗词集[M].沈晖，点校.合肥：黄山书社，1991.

[16]吕本中.吕本中诗集校注[M].韩西山，校注.北京：中华书局，2017.

[17]吕本中.吕本中全集[M].韩西山，辑校.北京：中华书局，2019.

[18]吕祖谦.吕祖谦全集[M].杭州：浙江古籍出版社，2008.

[19]中国历史地图集编辑组.中国历史地图集：第六册[M].北京：中华地图学社，1975.

[20]李昌宪.中国行政区划通史：宋西夏卷[M].上海:复旦大学出版社，2007.

[21]北京大学古文献研究所.全宋诗1—72册作者索引[M].北京：北京大学出版社，1999.

[22]杨倩描.宋代人物辞典（上下册）[M].保定：河北大学出版社，2015.

[23]白沙圩吕氏宗谱[M].民国庚午年（1930）重修本.

[24]吕心惠.中华吕姓[M].郑州：中州古籍出版社，2003.

[25]吕耕.吕姓溯源[M].北京：文物出版社，2017.

[26]孔东.宋代东莱吕氏之族望及其贡献[M].台北：台湾“商务印书馆”，1989.

[27]姚红.宋代东莱吕氏家族及其文献考论[M].北京：中国社会科学出版社，2010.

[28]陈开勇.宋代开封—金华吕氏文化世家研究[M].北京：中国社会科学出版社，2010.

[29]罗莹.宋代东莱吕氏家族研究[M].北京：人民出版社，2011.

[30]杨松水.两宋寿州吕氏家族著述研究[M].合肥：黄山书社，2012.

[31]欧阳炯.吕本中研究[M].台北：文史哲出版社，1992.

[32]王兆鹏.吕本中年谱[M]//两宋词人年谱.北京：文津出版社，1994.

[33]张登高.吕本中与宿州符离诗社[M].合肥：合肥工业大学出版社，2017.

[34]谢思炜.吕本中交游诗人考[M]//清华大学中文系.清华大学古代汉文学论集.北京：中华书局，2005.

[35]谢思炜.吕本中交游杂考[M]//雒三桂，过常宝，等.聂石樵教授八十寿辰纪念文集.北京：中华书局，2006.

[36]伍晓蔓.江西宗派研究[M].成都：巴蜀书社，2005.

论文类

[1]纪云华.宋代河南吕氏家族研究[D].山东大学，2004.

[2]杨松水.北宋寿州吕氏家族成员考述[J].巢湖学院学报，2008（05）:116—122.

[3]杨松水.论北宋寿州吕氏家族的宦绩及行政特点[J].淮北煤炭师范学院学报（哲学社会科学版），2008，29（06）:42—46.

[4]赵璐.宋代东莱吕氏家族教育研究[D].华东师范大学，2009.

[5]李鹏.宋代东莱吕氏家族母教探微[J].保定学院学报，2012，25（05）:61—64.

[6]李昇.宋代东莱吕氏家族学术与诗文创作研究[D].广西师范大学，2010.

[7]连凡.清代《宋元学案》视域下的东莱吕氏之学——以吕希哲、吕本中、吕祖谦为中心的考察[J].南阳理工学院学报，2017，9（05）:117—123.

[8]罗莹.论宋代东莱吕氏家族与“中原文献之传”[J].唐都学刊，2016，32（05）:115—118.

[9]罗莹.正心诚意——论东莱吕氏家族的理学传统[J].理论月刊，2010（01）:67—69.

[10]汪俊.宋代吕氏家族学术特点述略[J].扬州大学学报（人文社会科学版），2001，5（01）:45—50.

[11]董德英.吕希哲交游考[J].浙江师范大学学报（社会科学版），2017，42（02）:80—88.

[12]祝尚书.吕本中年谱[J].新宋学，2018（07）:253—297.

[13]王叙黄.吕本中十年研究综述[J].十堰职业技术学院学报，2008，21（03）:78—80.

[14]韩酉山.吕本中与“中原文献之传”[J].江淮论坛，2009（03）:88—96.

[15]王建生.吕本中与中原文献南传[J].语文知识，2010（04）:13—15+18.

[16]白晓萍.宋南渡初期诗人群体研究[D].浙江大学，2006.

[17]顾友泽.吕本中诗歌的多重渊源及影响[J].南通大学学报（社会科学版），2017，33（03）:70—75.

[18]姚大勇.世业中微谁料理，却收才具入风骚——论吕本中诗歌创作[J].中国韵文学刊，2003（02）:50—55.

[19]谢思炜.吕本中与《江西宗派图》[J].文学遗产，1985（03）:43—51.

[20]吴肖丹，戴伟华.江西诗派主脉——豫章诗社考述[J].南昌大学学报（人文社会科学版），2011，42（01）:126—130.

[21]柳咏莉.豫章诗社研究[D].曲阜师范大学，2014.

[22]汪国林.试论两宋寿州吕氏家族家规家训及其现代意义——以吕本中原本《童蒙训》为例[J].兰州文理学院学报（社会科学版），2018，34（01）:79—84.

[23]罗秋文.吕本中原本《童蒙训》研究[D].江西师范大学，2011.

[24]马盼.吕本中蒙学思想研究[D].延安大学，2018.

[25]韩酉山.清、慎、勤：为官的基本准则——说吕本中的《官箴》[J].安徽史学，2007（04）:122—125.

[26]裴传永."有官者之龟鉴"：吕本中《官箴》研究[J].理论学刊，2018（06）:145—152.

[27]粟品孝.吕本中《官箴》出自《童蒙训》原本考[J].文献，2007（04）:36—38.

[28]郭颖.论吕祖谦"婺学"派教育践行及影响[J].兰台世界，2014（28）:102—103.

[29]李光生.吕祖谦的教育实践及影响[J].河北师范大学学报（教育科学版），2010，12（11）:31—35.